Manual para HOMBRES para la gestión DE LA IRA

AARON KARMIN

Manual para HOMBRES para la gestión DE LA IRA

Controla la ira y domina tus emociones

EDICIONES OBELISCO

Si este libro le ha interesado y desea que le mantengamos informado
de nuestras publicaciones, escríbanos indicándonos qué temas son de su interés
(Astrología, Autoayuda, Psicología, Artes Marciales, Naturismo,
Espiritualidad, Tradición…) y gustosamente le complaceremos.

Puede consultar nuestro catálogo en www.edicionesobelisco.com

*Los editores no han comprobado la eficacia ni el resultado de las recetas,
productos, fórmulas técnicas, ejercicios o similares contenidos en este libro.
Instan a los lectores a consultar al médico o especialista de la salud ante
cualquier duda que surja. No asumen, por lo tanto, responsabilidad alguna
en cuanto a su utilización ni realizan asesoramiento al respecto.*

Colección Psicología y Autoayuda
MANUAL PARA HOMBRES PARA LA GESTIÓN DE LA IRA
Aaron Karmin

Título original: *Anger Management Workbook for Men*

1.ª edición: noviembre de 2025

Traducción: *Jordi Font Barris*
Maquetación: *Juan Bejarano*
Corrección: *Ana Ticó*
Diseño de cubierta: *Enrique Iborra*

© 2016, Althea Press
Publicado originalmente por Althea Press,
sello original de Callisto Publishing LLC
(Reservados todos los derechos)
© 2025, Ediciones Obelisco, S. L.
(Reservados los derechos para la presente edición)

Edita: Ediciones Obelisco, S. L.
Collita, 23-25. Pol. Ind. Molí de la Bastida
08191 Rubí - Barcelona - España
Tel. 93 309 85 25
E-mail: info@edicionesobelisco.com

ISBN: 978-84-1172-327-5
DL B 12923-2025

Impreso en Gràfiques Martí Berrio, S. L.
c/ Llobateres, 16-18, Tallers 7 - Nau 10. Polígono Industrial Santiga.
08210 - Barberà del Vallès - Barcelona

Printed in Spain

Prólogo

En raras ocasiones, conoces a alguien en una profesión que está haciendo exactamente lo que debería hacer. Mi amigo Aaron Karmin es una de esas personas. Lo que Hank Aaron ha sido para el béisbol, Keith Richards ha sido para el *rock and roll*, y Robin Williams ha sido para la comedia, Aaron Karmin lo es para la psicoterapia. Es un maestro en su campo, y me emocioné cuando supe que estaba escribiendo un libro para hombres sobre la gestión de la ira. Con este libro, Aaron tendrá la oportunidad de compartir con el resto del mundo su conocimiento, todas sus habilidades terapéuticas, su amplia experiencia trabajando con la ira y su sabiduría. Si la ira ha supuesto un problema en tu vida, déjame ser el primero en felicitarte por haber encontrado el libro adecuado escrito por el autor adecuado.

Conocí a Aaron hace quince años, cuando ambos éramos estudiantes de posgrado en psicología llenos de ilusiones. Hoy, como psicólogo de la Marina de los Estados Unidos, tengo una cartera de pacientes compuesta en gran parte por hombres jóvenes, por lo que la ira es un problema que encuentro a diario en mis sesiones. A pesar de mi amplia formación y experiencia en el tratamiento de los problemas de salud mental, todavía hay ocasiones en las que busco consulta y consejo. Uno de mis mayores recursos en estos momentos sigue siendo Aaron.

La experiencia de Aaron con la ira no tiene parangón. Pasó varios años trabajando para una clínica para el tratamiento de la ira en Chicago. Estos últimos años ha escrito un blog sobre la gestión de la ira y en numerosas ocasiones se le ha pedido que hable públicamente sobre la gestión de la ira. También tiene un espacio regular como invitado en una emisora de radio de Chicago. Aaron es una persona muy inteligente y, aunque sus reflexiones a veces son complejas, comunica sus pensamientos de una manera que los hace claros y precisos. Tiene una dulzura que es necesaria para todo profesional eficiente. Tiene pasión por lo que hace y utiliza su toque de humor único en momentos precisos.

Dado lo frecuente que es la ira, es sorprendente que muchos profesionales de la salud mental tengan tan pocos conocimientos sobre cómo tratarla. La idea de alejarse y contar hasta diez es tan simplista como poco útil. Creo que este libro servirá como antídoto a ese dilema tan antiguo. Aunque se pretende que sea un libro de autoayuda, tengo la sospecha de que también servirá como un recurso valioso para los terapeutas.

Cuando ejerzo de psicólogo clínico, a menudo oigo el siguiente comentario: «Debe ser realmente difícil estar escuchando todo el día los problemas de todos. ¿A dónde acudes cuando necesitas desahogarte?». Cuando oigo esta pregunta, nuevamente pienso en mi viejo amigo Aaron. Es el terapeuta de los terapeutas, y estoy muy contento de que tú seas el próximo beneficiario de sus talentos.

Dr. NATHAN R. HYDES
Junta Estadounidense de Psicología Profesional
Silverdale, Washington

Prefacio

A lo largo de estas últimas décadas, ¿qué epidemia ha tenido los efectos más graves sobre los hombres estadounidenses? ¿El cáncer? ¿El sida? ¿El abuso de drogas? ¿Las enfermedades cardíacas?

Ninguna de las anteriores. Es la violencia.

Estamos familiarizados con la violencia contra las mujeres y los niños, y con cómo la violencia afecta sus vidas. Sin embargo, mucho más de lo que tendemos a sospechar, la violencia también es una amenaza directa para la salud y el bienestar de los hombres.

Cada año se producen millones de actos de violencia. Algunos de estos actos matan a hombres, a menudo dejando viudas y huérfanos a su paso. Pero incluso aunque un encuentro violento no resulte fatal, un hombre puede sufrir el resto de su vida por culpa de lesiones físicas crónicas o cicatrices mentales provocadas por el ataque.

Las agencias públicas y privadas están intentando hacer frente a la epidemia de violencia en nuestro país, pero su único enfoque parece ser prevenir actos de violencia manifiesta –recurriendo a medicación cuando funciona o reclusión cuando no funciona– como si la violencia fuera una fuerza natural imparable, y como si fuera suficiente contener esta fuerza por cualquier medio necesario. Sin embargo, este enfoque no hace nada para identificar o abordar el problema subyacente que lleva a los hombres a buscar soluciones violentas a sus problemas.

He aquí tres hechos simples:

1. La violencia casi siempre va acompañada de ira.
2. La epidemia de violencia en nuestro país no se trata de crímenes sin sentido, sino de las consecuencias de la ira.
3. Los hombres tienen el poder de controlar su ira.

Creer que los hombres no pueden controlar su ira es ver la violencia como un instinto animal incontrolable. Es una afirmación que los criminales han hecho desde tiempos inmemoriales para eximirse de las consecuencias de su comportamiento egoísta. Necesitamos desmentir esta afirmación si pretendemos romper el ciclo de la violencia.

Como sociedad, sin embargo, negamos que tengamos un problema con la ira. Los profesionales y los burócratas han dado al tipo más extremo de ira un nombre elegante de doce sílabas: trastorno explosivo intermitente, o TEI. Según un artículo de 2006 publicado en *Archives of General Psychiatry*, más del 7% de las personas en Estados Unidos han experimentado TEI en algún momento de sus vidas, y parece que se da con más frecuencia en hombres que en mujeres. Esto significa que los hombres son más propensos a responder ante ciertas situaciones con niveles inapropiados de ira, lo que lleva, por ejemplo, a la conducción agresiva o a la violencia. Aun así, un diagnóstico de TEI es relativamente poco frecuente, y los criterios para el diagnóstico son bastante vagos. Además, la práctica de hacer ese diagnóstico es coherente con la patologización de los sentimientos innatos. En lugar de diagnosticar a un hombre con TEI, sería perfectamente posible que un profesional observara que el hombre se está comportando mal, necesita tomar mejores decisiones y debe hacerse responsable de sus decisiones. Pero eso significaría identificar el problema principal de este hombre como ira, no como violencia, y parece que preferimos seguir negando nuestro problema con la ira, a pesar de que una consecuencia de esa negación es nuestra alta tasa de violencia como nación.

La ira es una parte de la vida. Es una parte ordinaria de ser humano. De hecho, la mayor parte de la ira que conduce a la violencia no tiene un origen patológico, sino que simplemente es ira normal llevada a un extremo.

Todo el mundo se enfada, pero nadie debería reaccionar ante la ira cometiendo un acto de violencia. Como estás leyendo este libro, es probable que veas la ira como algo que ha traído problemas a tu vida. Tal vez has perdido un trabajo, a tu pareja o una amistad. Tal vez incluso has tenido pensamientos suicidas por culpa de pérdidas, y tal vez has recurrido al alcohol o a las drogas para sobrellevarlo. Pero probablemente no te hayas dado cuenta de que hay algo subyacente a la ira clara que has sentido hacia las personas y las situaciones de tu vida. Subyacente a la ira manifiesta que diriges hacia afuera hay una ira encubierta y maligna hacia ti mismo, y eso es lo que te impide ser tan feliz y tener tanto éxito como deseas.

Este libro te enseñará las habilidades para hacer frente a tu problema con la ira y gestionarla de maneras no agresivas. Leerlo te dará acceso a recursos y conocimientos de expertos que pueden ayudarte a aplicar tus nuevas habilidades a todas aquellas situaciones que surgen en tu vida diaria. Cuando aprendes a gestionar tu ira sin violencia, consigues un sentido de logro y éxito. A medida que vas aumentando tu autoconfianza y tu autocontrol, construyes más independencia y mayor competencia. Es otra forma de decir que la gestión de la ira construye el respeto por uno mismo y fortalece la relación más importante, pero a su vez más pasada por alto, en tu vida: tu relación contigo mismo.

Introducción

Sabemos que todo el mundo se enfada, y también es cierto que las personas gestionan la experiencia de la ira de diferentes maneras. Pero este libro no hace referencia a las personas en general. Hace referencia a los hombres y a cómo los hombres pueden aprender a gestionar su ira sin recurrir a la agresión.

Algunos hombres reprimen sus sentimientos de ira porque piensan que la ira no es agradable. Otros hombres son conscientes de que están enfadados, pero tienen dificultades para hacer que la gente lo sepa, y luego se enfadan consigo mismos por no poder expresar su ira. Y otros hombres son capaces de experimentar y expresar su ira, pero se sienten culpables cuando lo hacen.

¿Te has reconocido en una o más de esas descripciones?

Como tienes al menos algún nivel de interés en la gestión de la ira, supongo que no eres un abusón. Supongo que quieres a tus familiares y a tus amigos, aunque a menudo les haces daño tanto como los quieres. Y supongo que te preguntas por qué actúas así.

Probablemente haya muchas razones que expliquen tus expresiones hirientes de ira, y probablemente no seas consciente de todas ellas. Pueden incluir experiencias tempranas de abuso y trauma u otras experiencias dolorosas que continúan moldeando tus percepciones. Y nadie negaría lo importante que es identificar y comprender el impacto de tales factores. Pero en realidad el propósito de la gestión de la ira no es reflexionar sobre el pasado. Se trata de identificar qué desencadena la rabia explosiva en el presente. Por eso, este libro se centra en enseñarte cómo descubrir qué desencadena la ira en el momento y cómo reaccionar ante la ira de una manera constructiva.

Para ser claro, sin embargo, este libro no pretende ser un sustituto de la terapia de salud mental. Si necesitas más apoyo del que la autoayuda puede proporcionar, te aconsejo que busques ayuda de un profesional cualificado (consulta la sección «Recursos»).

También es importante que entiendas que ninguna circunstancia justifica que alguien abuse físicamente de ti. Si no eres capaz de apartarte de una situación amenazante y establecer tu seguridad física, llama de inmediato a la policía.

Y ten en cuenta que las emociones fuertes a menudo están asociadas a sensaciones físicas: mareos, palpitaciones, hormigueo y otras respuestas fisiológicas intensas. Si has estado experimentando sensaciones de este tipo, considera ver a un médico antes de emprender el trabajo de enfrentarte a la ira. Del mismo modo, mientras lees este libro, deja inmediatamente la lectura si comienzas a sentirte demasiado incómodo, y retoma la lectura sólo cuando te sientas lo suficientemente cómodo y seguro para ti continuar.

Verás que este libro incluye muchas características útiles, como:

- Información sobre el propósito de la ira y sobre cómo identificarla.
- Evaluaciones para estimar cuán enfadado estás.
- Información sobre las respuestas biológicas que desencadenan la ira y sobre el impacto de ésta en tu cuerpo, tu estado de ánimo, tus pensamientos y tu comportamiento.

- Ejemplos concretos de cómo comunicar y expresar la ira de maneras positivas y productivas.
- Ejemplos clínicos de estrategias de gestión de la ira, adaptadas de mi trabajo con pacientes durante mis terapias (se han modificado los nombres y otros detalles identificativos).

En última instancia, cuando aprendas a gestionar tu ira de una manera no agresiva, también estarás aprendiendo a aceptarte a ti mismo y a preocuparte menos por las opiniones disfuncionales de los demás. ¿Entendido? Bien. Comencemos.

DEFINIR Y RECONOCER LA IRA

La mayoría de las personas nunca aprenden una definición formal de la ira, pero se forman definiciones personales de ésta a partir de lo que sienten al enfadarse y de cómo ven a los demás cuando están enfadados.

¿Cómo defines tú la ira?

_____

_____

_____

_____

_____

_____

_____

_____

_____

_____

_____

_____

_____

_____

_____

_____

_____

_____

_____

_____

_____

Sobre la ira

1

¿Qué es la ira?

Había una vez un niño que tenía tendencia a enfadarse. Su padre le dio una bolsa de clavos y un martillo, y le dijo que clavara un clavo en la valla del jardín cada vez que perdiera los nervios. El primer día, el niño clavó 37 clavos en la valla.

Poco a poco, el niño descubrió que era más fácil controlar los nervios que clavar clavos en la valla, y llegó un día en que no perdió los nervios. Entonces su padre le sugirió que sacara un clavo de la valla cada vez que consiguiera controlar su irascibilidad. Pasaron los días y por fin el niño pudo decirle a su padre que todos los clavos habían desaparecido. «Lo has hecho bien», le dijo el padre. «Pero mira cuántos agujeros tiene la valla. Nunca volverá a ser la misma. Cuando dices las cosas con rabia, tus palabras airadas dejan cicatrices como éstas».

La ira es una respuesta emocional instintiva desencadenada por una amenaza real o imaginaria. La mayoría de los hombres se sienten enfadados cuando alguien o algo lo bloquea de alguna manera. La ira es dolorosa, y por eso todos buscamos alivio de la sensación que trae. Muchos hombres responden a la sensación de ira buscando inmediatamente la satisfacción de retirar el «obstáculo» del camino, o, si no se puede mover, maldecirlo o insultarlo.

La mayoría de las personas, en algún momento u otro de su vida, han experimentado un conflicto entre lo que piensan y lo que sienten. Por ejemplo, a un hombre le puede parecer que todo va sobre ruedas mientras conduce hacia el trabajo. Sus sentimientos, sus pensamientos y su comportamiento trabajan en armonía con el objetivo de llegar a tiempo. Pero entonces, otro conductor le hace un adelantamiento temerario y reacciona de una manera que parece impropia de él: una airada discusión de tráfico, digamos, o algún otro tipo de bloqueo emocional. Y aunque su mente racional es consciente de que su reacción es desproporcionada a lo que acaba de pasar, explotan sus emociones.

Esa ira descontrolada puede suponer un problema para ti. Pero reprimir la ira también supone un problema, porque, como cualquier otra emoción, existe por una razón. Cuando descubres el propósito que la ira tiene en tu vida, te pones en una posición que te permite entender tu ira y gestionar su impacto de una manera constructiva.

Si tienes problemas para saber o expresar cómo te sientes, entonces la relación entre tus sentimientos y los acontecimientos vividos no será clara ni para ti ni para los demás. En este capítulo, hablaremos sobre qué es la ira y consideraremos por qué los hombres tienen problemas especiales con ésta. También examinaremos algunos mitos comunes sobre la ira, exploraremos los cinco motivos por los que ocurre, examinaremos los cuatro componentes básicos de su gestión y veremos cómo y por qué la reprimimos. Al final del capítulo, podrás descubrir, en términos objetivos, cuán problemática la ira es para ti.

¿Qué particularidades presenta la ira en los hombres?

Muchas personas no entienden por qué los hombres se comportan de maneras irracionales cuando están enfadados. A veces parece que los hombres simplemente no piensan las cosas. En comparación con las mujeres, los hombres son más propensos a actuar de manera impulsiva, malinterpretar las señales sociales, interpretar equivocadamente las emociones de los demás, involucrarse en peleas físicas y participar en comportamientos de riesgo. También tienen menos tendencia que las mujeres a pensar antes de actuar, a considerar las consecuencias de sus acciones y a modificar su comportamiento cuando es inapropiado o incluso peligroso.

Por lo general, los hombres son más grandes que las mujeres, y como consecuencia de ello tienen la cabeza más grande. Pero eso no hace que los hombres sean más inteligentes que las mujeres, según Louann Brizendine, autora de *El cerebro masculino*. El cerebro de las mujeres es más pequeño que el de los hombres, pero el cerebro femenino tiene una mayor capacidad de procesamiento. De hecho, el cerebro de los hombres tarda más en madurar que el de las mujeres, y el córtex prefrontal del cerebro –el centro del razonamiento y el juicio, y la parte del cerebro que modula la agresión– es más pequeña y se desarrolla más lentamente en los hombres que en las mujeres, como explican Sandra Aamodt y Sam Wang en su libro *Welcome to Your Child's Brain*. Un estudio de 2014 publicado en la revista *Violence and Gender* identificó esta diferencia como una de las razones de la tendencia de los hombres a expresar más ira que las mujeres.

HACER UN INVENTARIO DE LA IRA

Comencemos con un ejercicio que indaga en parte de la historia entre tú y la ira. Piensa en un momento en el que te sentiste realmente enfadado. Asegúrate de que el incidente que elijas refleje tu relación actual con la ira. Sin dejar de pensar en este incidente, lee las siguientes preguntas y elige las respuestas que mejor describan cuándo y dónde te enfadaste, qué pasó y cómo reaccionaste. Si lo consideras oportuno, puedes añadir comentarios y reflexiones.

¿Cuándo?

Fecha

☐ Mañana ☐ Mediodía ☐ Tarde ☐ Noche

Comentarios

_____

_____

_____

_____

_____

¿Dónde?

☐ En casa ☐ En el trabajo ☐ En la comunidad
☐ En otro lugar

_____

_____

_____

_____

_____

¿Qué pasó?

- [ ] Alguien te dijo algo
- [ ] Alguien te hizo algo
- [ ] Hiciste algo mal
- [ ] Alguien te dio órdenes
- [ ] Alguien te trató injustamente
- [ ] No conseguiste lo que querías
- [ ] Otra cosa

_____

_____

_____

_____

_____

¿Qué hiciste?

- [ ] Gritaste
- [ ] Maldijiste
- [ ] Actuaste de una manera violenta
- [ ] Te fuiste
- [ ] Hiciste una declaración asertiva
- [ ] Lanzaste algún objeto
- [ ] Hablaste airadamente a alguien
- [ ] Te vengaste más adelante
- [ ] Otra cosa

_____

_____

_____

_____

_____

Si eres paciente en un momento de ira, escaparás de cien días de tristeza.

Rasgos de «chico duro»

Los tipos duros parecen fuertes, pero lo que parece ser fuerza es en realidad una sobrecompensación por sentimientos de inferioridad e incompetencia. Y los tipos duros no demuestran masculinidad de otras maneras; por ejemplo, haciendo contribuciones útiles a sus comunidades, o siendo esposos cooperativos y estableciendo ejemplos apropiados para que sigan sus hijos.

Tienden a ver las emociones como algo estrictamente para mujeres y afeminados, y sufren de una incapacidad de por vida para disfrutar de relaciones cariñosas y de acompañamiento. Los hombres que se suscriben a la mentalidad de «chico duro» también tienden a confundir las siguientes cosas:

- ▶ Cooperación y sumisión
- ▶ Errores y debilidad
- ▶ Machismo y fuerza
- ▶ Soberbia y confianza
- ▶ Aislamiento e independencia
- ▶ Interdependencia y dependencia
- ▶ Irresponsabilidad y libertad
- ▶ Autocomplacencia y felicidad

Para muchos tipos duros, estos rasgos son herencia de su juventud. El antídoto a su rol como tipos duros o machos es el tiempo. Con el tiempo, envejecen y se ven obligados a encontrar otros medios más apropiados y maduros para definirse en el mundo. Y muchos exalumnos de la Academia de Tipos Duros han conseguido superar estos rasgos inmaduros y convertirse en adultos que se respetan a sí mismos.

Hombres y mujeres también responden de manera diferente a las señales de la amígdala, la parte del cerebro donde surge el miedo. Las respuestas de las mujeres a estas señales son diferentes de las de los hombres porque el cerebro femenino ha evolucionado de tal manera que nuestras antepasadas aprendieron a buscar seguridad en grupos y a reducir el estrés relacionándose con otras personas. Las hormonas de las mujeres también están dominadas por el estrógeno, por lo que las mujeres tienen menos testosterona y más estrógeno fluyendo por su cerebro. La evolución del cerebro femenino, junto con la composición biológica de las mujeres, suele facilitar que una mujer busque una solución a un conflicto, incluso aunque tenga que comprometerse y hacer algunos sacrificios personales para resolver la situación. Es posible que nuestras antepasadas tuvieron que competir, a veces por pareja y a veces por comida, pero sus objetivos principales eran el apoyo social y el cuidado y la protección de los niños.

Los hombres, en cambio, están programados para competir para poder reproducirse y transmitir sus genes. Nuestros antepasados masculinos eran cazadores-recolectores, y ese trabajo requería agresión, así como reglas que fomentaran la jerarquía, la competencia y la dominancia. Y la testosterona que baña el cerebro masculino promueve el retiro social y el deseo de estar solo. Desde un punto de vista biológico, un hombre está relativamente desinteresado en la conversación porque la testosterona disminuye su deseo de socializar, excepto cuando la competencia hace que la socialización sea necesaria o cuando está buscando sexo. La testosterona también le dice a un hombre que la dominancia y el control son el camino hacia la seguridad, por lo que está programado para experimentar los desafíos a su independencia y autoridad como estresores. Tiene un impulso biológico para buscar respeto y encontrar su lugar en el orden jerárquico a través de la dominancia y la agresión. Además, la amígdala masculina tiene una elevada concentración de receptores de hormonas sexuales, incluida la testosterona, que intensifican estas respuestas, un hecho que se cree que explica por qué los hombres tienen más tendencia que las mujeres a mostrar ira, y por qué las reacciones de estrés de los hombres escalan rápidamente a conflicto. Los hombres no buscan conexión social de la misma manera que las mujeres.

Las posturas de hombres y mujeres hacia la conexión social parecen ser otra característica innata. En *El cerebro femenino*, Louann Brizendine cita a investigadores que encontraron que en los primeros tres meses de vida los bebés varones miraban a su alrededor para investigar su entorno, pero rara vez miraban a sus madres, mientras que las bebés de la misma edad establecían más contacto visual con sus madres y se centraban más a menudo en las caras. Las mujeres suelen tener una mayor capacidad que los hombres para leer caras, una característica que permitió a nuestros antepasados femeninos no sólo interpretar lo que otras personas necesitaban, sino también anticipar el comportamiento de los demás para poder protegerse a sí mismas y a sus hijos.

En resumen, el cerebro de las mujeres está programado para la armonía social, mientras que el cerebro de los hombres está programado para la jerarquía social respaldada por la competencia y el dominio. Pero esto no significa que los hombres no puedan tomar buenas decisiones, distinguir entre lo correcto y lo incorrecto, o aprender a gestionar la ira. La biología puede explicar ciertas tendencias, pero los hombres tienen el poder de contrarrestar esas tendencias con autocontrol y elecciones saludables.

Mitos comunes sobre la ira

Quiero que sepas que participar en la gestión de la ira no es un signo de debilidad o de fracaso. Buscar apoyo es un signo de fortaleza, no de debilidad. Todos necesitamos ayuda de vez en cuando, y es un signo de inteligencia saber cuándo pedir apoyo y orientación. Además, buscamos apoyo profesional para todo tipo de problemas, desde un grifo que gotea hasta una declaración de impuestos complicada, y la ira no es diferente. Controlar tu ira es una habilidad que puedes aprender.

Pero si eres como muchos otros hombres, es posible que hayas llegado a creerte ciertos mitos sobre la ira. A veces, estos mitos exculpan la ira o hacen que parezca la única respuesta posible a una situación. A medida que vayas aprendiendo a gestionar la ira sin agresión, será importante que reflexiones sobre tales mitos y los desafíes.

MITO 1: Has heredado tu ira

Si tu padre era un hombre enfadado, tal vez pienses que has heredado de él la ira. Pero eso es sólo otra forma de decir que la ira es algo que no puedes cambiar. Puede que hayas nacido con una tendencia a enfadarte más que otras personas, pero lo que realmente importa es cómo reaccionas a la experiencia de enfadarte. Se trata de un comportamiento aprendido, y puedes cambiarlo. Y cuando asumes la responsabilidad de tus reacciones ante la ira, te vuelves responsable de tu propia felicidad porque haces de tu felicidad el producto de tus propias elecciones, no algo que depende del comportamiento de otras personas.

MITO 2: La ira te hará daño si no la expresas rápidamente y con fuerza

Si crees en este mito, entonces te parecerá que es saludable «perder los estribos» y perder la calma cuando algo sale mal. Pero las personas a menudo se sienten mucho peor después de perder el control sobre sus sentimientos de ira. Gritar, golpear y dar portazos aumentan y fortalecen los sentimientos de ira. Al mismo tiempo, no te haces ningún favor a ti mismo ni a nadie más guardándote la ira para ti, pero es muy probable que de todos modos no puedas hacerlo. Si estás enfadado, puedes mostrarlo estando enfurruñado o con un determinado tono en tu voz; este tipo de comportamiento se conoce como *agresión pasiva*. Las personas que están a tu alrededor saben que estás enfadado, pero no saben por qué estás enfadado. Cuando aprendes a expresar la ira de una manera constructiva, promueves una implicación más profunda con otras personas.

MITO 3: El amor y la ira no se mezclan

Creer que el amor y la ira no se mezclan es creer que nunca deberías sentir ira hacia alguien a quien quieres... y que, si estás enfrentado a alguien a quien no conoces o no te gusta, entonces eres un cobarde si *no* te enfadas. Pero es importante entender que típicamente la ira se manifiesta en grados. Varía desde una leve molestia hasta una intensa rabia. Si no sabes cómo reconocer y nombrar los grados de la ira, entonces incluso puedes interpretar una ligera irritación como una crisis intensa y urgente. El antídoto contra la ira descontrolada es aprender a ser firme, sentir seguridad y tener el control, es decir, aprender a ser *asertivo*.

TU BIOLOGÍA

El conocimiento es poder, así que no tengas miedo de considerar el lado biológico de quién eres. Como hombre, tienes ciertas ventajas y desventajas por culpa de las características biológicas de tu cerebro. (Lo mismo es cierto en el caso de las mujeres, por supuesto). Comprender la base biológica de quién eres puede ayudarte a utilizar esas ventajas, compensar las desventajas y hacer cambios que mejoren tu capacidad para tener éxito en tu entorno actual.

¿Qué ventajas tiene la ira para ti?

_____

_____

_____

_____

_____

_____

_____

_____

¿Qué desventajas tiene la ira para ti?

_____

_____

_____

_____

_____

_____

_____

_____

MITO 4: Enfadarse es una buena manera de hacer que los demás se comporten

Este mito parte de la idea de que hay personas que son universalmente peligrosas y que la ira es una buena manera de protegerte a ti mismo y a aquellos que te importan. Es o puede haber sido cierto en un momento particular de tu vida, pero continuar creyendo en este mito puede provocar problemas. Después de todo, las buenas amistades no se basan en el miedo y es poco probable que tengas relaciones de éxito si muestras un comportamiento agresivo. De hecho, los demás te verán como una amenaza y pueden buscar riñas contigo si pareces una persona enfadada. La ira no tiene que ser tu solución habitual para cada problema con el que te encuentres y para cada peligro al que te enfrentes. Por lo general, hay una mejor manera, y puedes confiar en tu juicio para encontrar el enfoque correcto a medida que vayan surgiendo los problemas.

MITO 5: La ira está justificada por el mal comportamiento de otras personas

A menudo, este mito se ve perpetuado en personas que han sido víctimas de violencia o de agresión. La ira es una reacción natural cuando te han maltratado o se han aprovechado de ti. Pero si se extiende a cada área de tu vida, puede provocar problemas. Es mejor abordar el dolor del pasado de maneras que no impliquen intercambiar una emoción desagradable, como el miedo o la pérdida, por ira o rabia.

MITO 6: La ira es destructiva y no es saludable

Este mito expresa la creencia de que la ira es un estado anormal, una desviación de la serenidad «normal». De hecho, la ira es una emoción común y corriente. Un estado emocional verdaderamente normal es aquel en el que los sentimientos fluyen y cambian continuamente. La ira es una parte de ese flujo tanto como lo son la felicidad, la tristeza o cualquier otro sentimiento. Es una respuesta natural, y hay momentos en los que sin duda está justificada y es apropiada; por ejemplo, en respuesta a la traición de un amigo, un ataque físico o una gran injusticia social. Pero un berrinche por un enfado poco importante es tanto destructivo como poco saludable. Si la ira se expresa en el momento en que se siente, disminuye. En cambio, si se reprime, a menudo se vuelve más intensa. Los sentimientos se expresan mejor con palabras («Esperar en la cola hace que me enfade») que con comportamientos (como pegar o gritar). Y está bien esperar hasta que te sientas sosegado antes de enfrentarte a alguien con quien estás enfadado.

> Un estado emocional verdaderamente normal es aquel en el que los sentimientos fluyen y cambian continuamente. La ira es una parte de ese flujo tanto como lo son la felicidad, la tristeza o cualquier otro sentimiento.

DESMITIFICAR MITOS

Este ejercicio plantea algunas preguntas destinadas a ayudarte a determinar si te has visto influido por uno o más mitos sobre la ira. A medida que vayas respondiendo las preguntas, piensa en cómo pueden indicar maneras de superar estos mitos comunes.

¿Qué te hace feliz?

_____

_____

_____

_____

_____

¿Cómo te comportas cuando estás enfadado?

_____

_____

_____

_____

_____

¿Cómo te comportas cuando alguien a quien quieres te frustra, te irrita o te hace daño?

_____

_____

_____

_____

_____

¿Cómo te comportas cuando un extraño o alguien que no te gusta actúa de una manera que te resulta molesta u ofensiva?

_____

_____

_____

_____

_____

¿Qué pretendes conseguir con la ira?

_____

_____

_____

_____

_____

En tu caso, ¿qué desencadena la ira?

_____

_____

_____

_____

_____

En tu caso, ¿cuál es la peor parte de la ira?

_____

_____

_____

_____

_____

Cinco motivos por los que ocurre la ira

Intenta ver la ira en términos de los siguientes cinco motivos para el comportamiento enfadado, que están impulsados por sentimientos particulares:

1. **Buscar venganza.** Te sientes herido, así que quieres vengarte y hacer justicia.
2. **Evitar desastres.** Te sientes impotente, así que quieres tomar el control.
3. **Alejar a los demás.** Te sientes desanimado, así que quieres apartarte de la vida y evitar ser juzgado.
4. **Llamar la atención.** Consideras que no te sientes respetado, así que atacas para ser reconocido o para demostrar tu importancia.
5. **Expresar sentimientos difíciles.** Te sientes abrumado, así que quieres reducir tu desasosiego.

Cuatro claves para gestionar la ira

Gestionar la ira significa no decir ni hacer cosas de las que te arrepentirás más tarde. Significa calmarte, evaluar las situaciones con la cabeza fría y tomar acciones sensatas. Básicamente, implica tomar decisiones en torno a cuatro componentes de tu comportamiento:

1. Expresándote
2. Cuidando de ti mismo
3. Aumentando tu tolerancia a la frustración
4. Manteniendo una perspectiva positiva

Expresándote

Cuando te expresas, *promueves la comunicación constructiva.* ¿Alguna vez has oído la expresión que la comunicación es 10 % información y 90 % emoción? Significa que una buena comunicación es algo más que simplemente enviar un mensaje. Implica asegurarse de que el mensaje que envías a otra persona es el mensaje que ha recibido, y que el mensaje que recibes es el mensaje que la otra persona ha enviado. ¡Más fácil decirlo que hacerlo!

La comunicación es efectiva y constructiva cuando las acciones coinciden con las palabras. Si tus palabras y tus acciones no coinciden, entonces tu oyente te pedirá claridad, y necesitarás ofrecerla. Así pues, cuando estás hablando con alguien, presta atención a cómo te sientes, a las palabras que estás empleando y a lo que tu lenguaje corporal puede estar diciendo.

Porque la comunicación funciona en las dos direcciones, expresarte de manera efectiva también significa escuchar a tu pareja en una conversación. Por ejemplo, si tu esposa está repitiendo lo mismo una y otra vez, tal vez considere que sus emociones no han sido escuchadas con sus palabras. Se trata de un problema frecuente porque es muy fácil para un oyente saltar por encima de los sentimientos de alguien y comenzar a dar consejos, compartir hechos o intentar minimizar un problema en lugar de escuchar realmente lo que la otra persona está diciendo. Pero cuando te niegas a escuchar los sentimientos de otra persona, le estás diciendo, en efecto, «Tus sentimientos no son correctos. No tienes derecho a sentirte así». Y cuando atacas verbalmente a otras personas, responden defendiéndose a sí mismas y contraatacando, y pronto la discusión ha escalado a algo tan poco relacionado con las necesidades emocionales honestas que seguir hablando no puede llevar a una solución.

MOTIVOS PARA LA IRA

¿Qué propósito cumple la ira en tu vida?

_____

_____

_____

_____

_____

_____

_____

_____

_____

_____

_____

_____

_____

_____

_____

_____

_____

_____

_____

_____

_____

_____

_____

_____

_____

IRA: EL LADO POSITIVO

La ira nos motiva a cambiar porque nos anima a tomar medidas necesarias y apropiadas. Confirma nuestra individualidad porque fomenta nuestra independencia. Nos ayuda a protegernos de amenazas y peligros. Y centra nuestra atención en los problemas, dándonos la energía necesaria para resolverlos y ayudándonos a centrarnos en la búsqueda de soluciones.

Esto también funciona en el otro sentido: si no te escuchan, entonces no puedes comunicar tus necesidades. Así que es comprensible que te sientas frustrado o enfadado cuando no te sientes escuchado y la otra persona se limita a interrumpir diciendo «¡Eso es ridículo!». No puedes resolver un problema que no comprendes, y la comunicación plena –escuchar las palabras a la vez que también escuchas los sentimientos– es lo que lleva a la comprensión. Sorprendentemente, sin embargo, a menudo no hay necesidad de resolver el problema, sea cual sea, una vez que las personas que discuten entre sí están seguras de que sus sentimientos han sido escuchados.

Cuidando de ti mismo

Cuando te cuidas a ti mismo, *promueves tu propia felicidad*. Tu felicidad es tan importante como la de cualquier otra persona, así que establece algunos límites a las exigencias de los demás. Tu día no tiene que ser una ronda de tareas para complacer a la gente. Hoy tal vez otra persona pueda recoger la ropa o cortar el césped de tu madre.

Sin embargo, esto es más fácil decirlo que hacerlo. Aquellas personas que quieren que hagas cosas por ellas pueden pensar que eres egoísta si dices que no, y tú mismo puedes llegar a pensar lo mismo. Pero esto va más bien de supervivencia. ¿Cómo puedes cuidar verdaderamente de los demás si no te cuidas a ti mismo primero? Además, ¿por qué no ser un modelo a seguir de autocuidado? De lo contrario, todo lo que harás es enseñar a los demás que siempre estarás a su disposición para resolver sus problemas, y nunca aprenderán a hacer las cosas por sí mismos. Puede resultar difícil establecer límites y luego ver a las personas esforzarse, pero es así como las personas crecen.

Aumentando tu tolerancia a la frustración

Cuando aumentas tu tolerancia a la frustración, *fomentas el perdón*. Si alguien te hace daño –un vecino dice mentiras sobre ti a tus espaldas, tu socio comercial te roba, tu pareja tiene una aventura– quieres desquitarte con ira, sobre todo si el comportamiento de la otra persona implica una traición personal o si hay una diferencia significativa de poder entre tú y la persona que te ha hecho daño.

Cuando no puedes devolver el golpe, puedes sentir que la frustración es extrema. ¿Por qué motivo no deberías buscar venganza? ¿Por qué deberías perdonar a alguien que te ha traicionado? Se trata de preguntas legítimas. Y las respuestas tienen que ver con un hecho importante: *Perdonar el mal comportamiento de otra persona no es lo mismo que olvidar o consentir ese comportamiento.*

Olvidar significa reprimir, encerrar el dolor y la ira. Pero el perdón es una postura poderosa porque se basa en la capacidad de dejar ir tus sentimientos dolorosos sobre una persona o un acontecimiento para que puedas seguir adelante con tu vida. El mal comportamiento de otra persona te ha provocado dolor, y tú estás eligiendo dejar ir tu ira y tu dolor. Perdonar el comportamiento hiriente de los demás es una oportunidad para que sean responsables de sí mismos.

Tu acto de perdón es para tu beneficio, no para el de los demás. Como dice el viejo refrán, guardar rencor contra alguien es como beber veneno y esperar a que la otra persona muera. Cuando buscas venganza o deseas hacer daño a otro, la amargura de tus sentimientos agota tu energía y evita que sane tu dolor. Pero cuando aumentas tu tolerancia a la frustración, es decir, tu tolerancia a no vengarte cuando otros te hacen daño o te decepcionan, puedes aprender más sobre el mundo y descubrir nuevas oportunidades para crecer y mantenerte saludable, porque has desarrollado el poder de dejar ir el pasado y disfrutar de tu vida en el presente.

Manteniendo una perspectiva positiva

Cuando mantienes una perspectiva positiva, te vuelves más capaz de *gestionar tu interpretación de los acontecimientos*. Tu perspectiva sobre la vida –los acontecimientos específicos y las otras personas involucradas en ellos– tiene mucho más que ver con cómo te sientes que con los acontecimientos y las personas reales en tu vida. Si ves el mundo como un lugar terrible donde las cartas juegan en tu contra, entonces creas una fórmula para la ira, la tristeza o la preocupación. Puedes elegir lo que quieres enfatizar del mundo que te rodea. Si te despiertas por la mañana y está lloviendo, puedes interpretar ese hecho como un agravio personal de la naturaleza y lamentar el día gris y deprimente que se avecina, o, por el contrario, puedes mirar la lluvia y sentirte contento de estar caliente y seco en tu cómodo hogar. Realmente depende de ti.

Gratificación instantánea

Tu capacidad para gestionar tu interpretación de un acontecimiento depende crucialmente de tu capacidad para retrasar la gratificación.

Los hombres solían ser educados en condiciones donde era normal cierto grado de dificultad. La economía solía ser un aspecto esencial de la vida de clase media, y las cosas que la gente deseaba no las tenían a su disposición de manera inmediata, sino que tenían que ganárselas. Como consecuencia de ello, la gente apreciaba y prestaba mucha más atención a lo que tenía que a lo que le faltaba. Había un sentido de orgullo y una sensación de logro al haber alcanzado un objetivo gracias al trabajo duro y el esfuerzo.

Por el contrario, hoy en día muchos hombres han crecido en circunstancias en las que la gratificación instantánea ha sido la norma. Cuando eran niños, tuvieron todos los juguetes quisieron, se les dio lo que querían cuando lo querían, y se les ofreció diversión en lugar de tenerla que buscar. No tuvieron que esperar ni ganarse las cosas que deseaban o tenerlas que crear, y no tuvieron que encontrar alternativas si esas cosas no las tenían a su alcance.

¿Qué les ha pasado a algunos de esos niños? Han crecido hasta convertirse en hombres con serios problemas de control de impulsos y de autorregulación. Cuando no consiguen las cosas a las que sienten que tienen derecho, se consideran a sí mismos como tratados injustamente, y esa percepción desencadena explosiones exageradas de ira.

Nadie sugeriría que los hombres de hoy en día necesitan tener más dificultades o más obstáculos para conseguir lo que quieren y necesitan, pero tiene que haber un término medio entre sufrir constantes adversidades y tenerlo todo al alcance de la mano. Este término medio es donde los hombres desarrollan madurez, que se trata de descubrir que no siempre pueden tener lo que quieren, pero aun así pueden ser personas sanas y felices.

Si has alcanzado la edad adulta sin haber desarrollado la habilidad de retrasar la gratificación, puedes centrarte ahora en desarrollar esa habilidad para reducir y gestionar el comportamiento relacionado con los impulsos a lo largo del resto de tu vida. Por ejemplo, en un embotellamiento o cuando no ves satisfechas tus necesidades como cliente, puedes utilizar la gestión de la ira para contrarrestar la hostil, impulsiva e infantil insistencia de conseguir todo lo que quieres, justo cuando lo quieres.

GESTIONA TU IRA

Este ejercicio te ayudará a evaluar tu capacidad actual para tomar decisiones constructivas en torno a la experiencia de sentir ira.

¿Cuál es la parte más difícil de gestionar tu ira cuando...?

¿Te estás expresando?

_____

_____

_____

_____

¿Estás cuidando de ti mismo?

_____

_____

_____

_____

¿Tolerando la frustración?

_____

_____

_____

_____

¿Manteniendo una perspectiva positiva?

_____

_____

_____

_____

¿Cuándo has tenido que esperar por algo que querías?

_____

_____

_____

_____

¿Qué desafíos has superado para conseguir lo que querías cuando lo querías?

_____

_____

_____

_____

RESILIENCIA

El aprendizaje que se consigue al retrasar la gratificación contribuye a desarrollar la resiliencia. Los hombres resilientes pueden superar los contratiempos, enfrentarse a los retos y encontrar nuevas formas de resolver los problemas. Se sienten seguros a la hora de gestionar el mundo social y material, y saben que las dificultades son superables.

Cómo y por qué reprimimos la ira

Así como puedes elegir cómo interpretar los acontecimientos en tu vida, tienes opciones para expresar tu ira. Pero los hombres a menudo limitan sus opciones reduciéndolas errónea-mente a sólo dos: expresar su ira en enfrentamientos perso-nales directos o mantener la ira hacia ellos mismos. Pero si alguna vez te has visto sorprendido por la intensidad de tu ira hacia algo o te ha pillado por sorpresa la ira repentina e intensa de otra persona, entonces sabes cómo es la ira reprimida cuando finalmente acaba expresándose.

La ira es una emoción que se manifiesta de manera natural, y es sano expresarla cuando lo haces de la manera correcta y en el momento adecuado. Pero aquí está la clave: *la ira es un sentimiento secundario.* Esto significa que antes de enfadarte, siempre sientes algo más primero (miedo, desesperanza, dolor, decepción o culpa, por ejemplo). Todas ellas son emociones que están conectadas con sentirse vulnerable y muchos hombres recurren a la ira para ocultar o protegerse de esos sentimientos vulnerables y del dolor emocional. Pero reprimir la ira no es lo mismo que controlar la ira. Reprimir la ira sólo significa contenerla en lugar de arriesgarse a las consecuencias de dejarla salir.

Cuando los hombres tienen problemas con la ira, a menudo es porque están poniendo muy poco o demasiado énfasis en ella. Poner demasiado énfasis en la ira lo agrava. Demasiado énfasis fortalece la ira y la empeora. Pero poner muy poco énfasis en la ira a menudo conduce a la represión no sólo de la ira, sino también de otras emociones. Esto puede desembocar en insensibilidad, ya que cortar las emociones «malas» también significa no poder sentir las «buenas». Pierdes el contacto con una parte importante de ti mismo. Y en el peor de los casos, tu ira se acumula hasta el punto en que se vuelve explosiva e incluso puede dirigirse a alguien que no tiene nada que ver con la razón por la que estás enfadado.

Cuando no entendemos cómo lidiar de manera efectiva con la ira, a menudo elegimos métodos de afrontamiento que son perjudiciales. Las siguientes son algunas formas poco útiles de afrontar la ira:

- **Dejar a un lado la ira**. Negamos la ira o la reprimimos. Algunos de nosotros preferimos mantener nuestra imagen de «persona agradable» y no causar problemas. Tal vez nos decimos a nosotros mismos que la situación no es importante, y nos tragamos la ira.

- **Retrasar la ira**. Pensamos que podemos posponer la situación, no enfadarnos y gestionarla más tarde.

- **Transferir la ira**. Somos amables con las personas que nos hacen enfadar, pero somos aborrecibles con aquellas personas que nos quieren. Por ejemplo, el jefe de un hombre lo critica en el trabajo, pero el hombre desquita su ira con su hijo en lugar de expresar su ira a su jefe. O un hombre cuya primera esposa le fue infiel siente un arrebato de ira celosa hacia su nueva esposa cuando ésta le dice que esa noche podría llegar tarde a casa.

- **Ahogar los sentimientos.** Las personas que no pueden gestionar la ira y tienen miedo de expresarla, a menudo eligen no sentir ninguna emoción. Su razonamiento es que, si no sienten nada, entonces nadie puede hacerles daño. Es un sistema muy peligroso porque los desconecta de su realidad emocional.

- **Mantener el control.** Algunas personas piensan que siempre deben mantener el control de una situación, y ven la ira como debilidad y una pérdida de control intolerable.

> No somos máquinas pensantes que sienten; somos seres sintientes que piensan.

La importancia de las emociones

Es una pena que tantas personas desconfíen de sus emociones. A menudo se les dice a las personas que se centren en hechos objetivos en lugar de en sentimientos. Es evidente una desconfianza generalizada hacia las emociones en frases habituales como «Perdón; no estaba pensando». Rara vez alguien dice: «Perdón; no estaba sintiendo».

Es cierto que los sentimientos intensos pueden interferir con el pensamiento claro. Pero no ser consciente de tus sentimientos interfiere con tu bienestar.

Tus sentimientos están relacionados tanto con tu mente como con tu cuerpo. Sin embargo, las emociones son intangibles. No hay una única manera de definir un sentimiento. Cuando ves a alguien llorando, no tienes forma de saber si esa persona sufre un dolor físico, si está superada por haber perdido a un ser querido o si simplemente acaba de cortar una cebolla. No hay un solo acontecimiento u objeto ante el que todo el mundo tenga la misma respuesta emocional. Por eso, el comportamiento por sí solo es un indicador tan pobre de lo que una persona está sintiendo.

Pero los hombres aprenden de otros hombres, y una de las lecciones más importantes que se enseñan entre sí es que el comportamiento hace un mejor trabajo transmitiendo las emociones que las palabras. Lo que muchos hombres no saben es que la expresión de la ira no tiene que implicar comportamientos como gritar o dar golpes, del mismo modo que la expresión de la tristeza no tiene que incluir llorar, o la expresión del miedo no tiene que significar esconderse o huir.

Otro mito que muchos hombres se enseñan unos a otros es que algunas emociones son malas y otras son buenas. Sin embargo, en verdad, las emociones no son ni buenas ni malas.

Las emociones simplemente *son*. Si escuchas tus emociones y entiendes lo que significan, entonces puedes abordarlas, y su intensidad se desvanecerá. Pero si ignoras lo que tus emociones te están diciendo, entonces se acumulan tus sentimientos y en última instancia puedes expresarlos a través de un comportamiento destructivo.

¿No sería maravilloso si pudieras sentirte completamente feliz en cada momento de tu vida? Pero hay una palabra para los animales que no pueden sentir ira, miedo ni dolor: *extintos*. Las emociones tienen un valor de supervivencia. Puede que no tengan sentido lógico, pero son una parte inevitable de la vida y son parte de ser humano.

Para ti, ¿cuál es la peor parte de tener emociones?

LA ESCALA CLÍNICA DE LA IRA

Se considera que la Escala Clínica de la Ira (ECI), desarrollada por William Snell, es el primer cuestionario fiable para evaluar los síntomas de la ira y medir la variedad de síntomas que constituyen la *ira clínica*, un término para la ira que se ha vuelto problemática y necesita ser gestionada. La ECI mide síntomas en cada una de las siguientes áreas, en este orden: ira en el presente, ira sobre el futuro, ira por el fracaso, ira por las cosas, antagonismo, interacciones sociales, ira sobre uno mismo, culpa, violencia, gritar a las personas, irritación, actividades sociales, toma de decisiones, relaciones, trabajo, sueño, fatiga, apetito, salud, concentración y sexo. Tus respuestas a estos ítems te mostrarán las áreas en las que surge tu ira.

Cuando completes el cuestionario, sé honesto contigo mismo. Lee cada ítem y luego rodea con un círculo la letra junto a la respuesta que mejor refleje cómo te sientes actualmente la mayor parte del tiempo. Elige sólo una respuesta para cada ítem.

1. **A.** No me siento enfadado.
    B. Me siento enojado.
    C. Estoy enfadado la mayor parte del tiempo.
    D. Estoy tan enfadado y hostil todo el tiempo que no puedo soportarlo.

2. **A.** No estoy especialmente enfadado por mi futuro.
    B. Cuando pienso en mi futuro, me siento enfadado.
    C. Me siento enfadado por lo que me espera.
    D. Me siento muy enfadado por mi futuro, ya que no se puede mejorar.

3. **A.** Me enfada sentirme tan fracasado.
    B. Me enfada haber fracasado más que la media de la gente.
    C. Cuando miro atrás en mi vida, me enfado por mis fracasos.
    D. Me enfada sentirme un completo fracasado.

4. **A.** No estoy muy enfadado por las cosas.
B. Me estoy volviendo más hostil respecto a las cosas de lo que solía estar.
C. Estoy bastante enfadado por las cosas estos días.
D. Estoy enfadado y hostil por todo.

5. **A.** No me siento especialmente hostil hacia los demás.
B. Me siento hostil buena parte del tiempo.
C. Me siento bastante hostil la mayor parte del tiempo.
D. Me siento hostil todo el tiempo.

6. **A.** No siento que los demás estén tratando de molestarme.
B. A veces pienso que la gente está tratando de molestarme.
C. Más personas de lo habitual están comenzando a hacerme sentir enfadado.
D. Siento que los demás me están haciendo enfadar de manera habitual e intencionada.

7. **A.** No me enfado cuando pienso en mí mismo.
B. Últimamente me enfado más conmigo mismo que antes.
C. Me enfado conmigo mismo la mayor parte del tiempo.
D. Cuando pienso en mí mismo, siento un enfado intenso.

8. **A.** No tengo sentimientos de enfado porque otros me hayan fastidiado la vida.
B. Empieza a hacerme enfadar que otros me fastidien la vida.
C. Me hace enfadar que otros me impidan tener una buena vida.
D. Estoy constantemente enfadado porque otros me han hecho la vida totalmente desgraciada.

9. **A.** No me siento tan enfadado como para hacer daño a alguien.
   B. A veces estoy tan enfadado que tengo ganas de hacer daño a los demás, pero en realidad no lo haría.
   C. Mi enfado es tan fuerte que a veces tengo ganas de hacer daño a los demás.
   D. Estoy tan enfadado que me gustaría hacer daño a alguien.

10. **A.** Ya no grito a la gente más de lo habitual.
    B. Ahora grito a los demás más que antes.
    C. Ahora grito a la gente todo el tiempo.
    D. Grito a los demás tan a menudo que a veces no puedo parar de gritar.

11. **A.** Ahora las cosas no me irritan más de lo habitual.
    B. Ahora me siento algo más irritado de lo habitual.
    C. Me siento irritado buena parte del tiempo.
    D. Estoy irritado todo el tiempo.

12. **A.** Mi enfado no interfiere con mi interés por otras personas.
    B. Mi enfado a veces interfiere con mi interés por los demás.
    C. Me enfado tanto que no quiero estar con los demás.
    D. Estoy tan enfadado que no soporto estar cerca de los demás.

13. **A.** No tengo ningún sentimiento de enfado persistente que influya sobre mi capacidad para tomar decisiones.
    B. Mis sentimientos de enfado socavan ocasionalmente mi capacidad para tomar decisiones.
    C. Mi enfado interfiere regularmente en la toma de decisiones acertadas.
    D. Estoy tan enfadado que ya no puedo tomar buenas decisiones.

14. **A.** No estoy tan enfadado ni soy tan hostil como para caer mal a los demás.
B. A veces, a la gente no le gusta estar cerca de mí porque me enfado.
C. La mayoría de las veces, la gente se aleja de mí porque soy muy hostil y estoy muy enfadado.
D. La gente ya no me quiere porque estoy enfadado todo el tiempo.

15. **A.** Mis sentimientos de ira no interfieren con mi trabajo.
B. De vez en cuando mis sentimientos de ira interfieren con mi trabajo.
C. Me siento tan enfadado que interfiere con mi capacidad de trabajo.
D. Mis sentimientos de ira me impiden hacer cualquier trabajo.

16. **A.** Mi enfado no interfiere con mi sueño.
B. A veces no duermo muy bien porque estoy enfadado.
C. Mi enfado es tan grande que me mantiene despierto hasta una o dos horas más tarde de lo habitual.
D. Estoy tan intensamente enfadado que no puedo dormir mucho durante la noche.

17. **A.** Mi enfado no me hace sentir más cansado de lo normal.
B. Mis sentimientos de enfado empiezan a cansarme.
C. Mi enfado es tan intenso que me hace sentir muy cansado.
D. Mis sentimientos de enfado me dejan demasiado cansado para hacer nada.

18. **A.** Mi apetito no se resiente por mis sentimientos de ira.
B. Mis sentimientos de ira empiezan a afectar a mi apetito.
C. Mis sentimientos de ira me dejan sin mucho apetito.
D. Mi ira es tan intensa que me ha quitado el apetito.

19. **A.** Mis sentimientos de ira no interfieren con mi salud.
    B. Mis sentimientos de ira están empezando a interferir con mi salud.
    C. Mi ira me impide dedicar mucho tiempo y atención a mi salud.
    D. Últimamente estoy tan enfadado por todo que no presto atención a mi salud y bienestar.

20. **A.** Mi capacidad para pensar con claridad no se ve afectada por mis sentimientos de ira.
    B. A veces mis sentimientos de ira me impiden pensar con claridad.
    C. Mi ira hace que me resulte difícil pensar en otra cosa.
    D. Estoy tan intensamente enfadado y hostil que interfiere completamente con mi pensamiento.

21. **A.** No me siento tan enfadado como para que eso interfiera en mi interés por el sexo.
    B. Mis sentimientos de enfado me dejan menos interesado en el sexo de lo que solía estarlo.
    C. Mis actuales sentimientos de enfado minan mi interés por el sexo.
    D. Estoy tan enfadado con mi vida que he perdido completamente el interés por el sexo.

Para cada respuesta A que elijas, cuenta 0 puntos. Para cada respuesta B, cuenta 1 punto. Para cada respuesta C, cuenta 2 puntos. Y para cada respuesta D, cuenta 3 puntos. Suma todos tus puntos para obtener tu puntuación total. Como puedes suponer, una puntuación más alta indica un mayor nivel de ira.

0-13 puntos: Ira clínica mínima

▶ Hay poca o ninguna ira significativa.

▶ Un sueño y una nutrición adecuados son los mejores pasos a seguir.

14-19 puntos: Ira clínica leve

▶ Hay ocasionales breves sentimientos de ira.

▶ Las técnicas de relajación, el ejercicio y las actividades de ocio son beneficiosos.

20-28 puntos: Ira clínica moderada

▶ Hay sentimientos intensos o frecuentes de ira.

▶ La terapia individual o grupal a corto plazo puede ayudar a aprender nuevas habilidades de afrontamiento.

29-63 puntos: Ira clínica grave

▶ Hay sentimientos frecuentes e intensos de ira.

▶ Se necesita un cambio de estilo de vida que implique apoyo psicológico, médico y en las relaciones.

PUNTUACIÓN

NOTAS

Adaptado de «The Clinical Anger Scale: Preliminary Reliability and Validity» _(véase_ Bibliografía_) y utilizado con permiso del Dr. William E. Snell Jr._

¿CUÁN ENFADADO ESTÁS?

Acabemos con un ejercicio que te ayude a ver por ti mismo cuán bien estás gestionando ahora la ira, para que puedas determinar cuán problemática es la ira para ti en el presente. Evalúate en la Escala Clínica de la Ira (páginas anteriores) y luego responde las siguientes preguntas.

¿Cuál es el nivel de tu ira?

_____

_____

_____

_____

_____

¿Qué opinas de esta evaluación?

_____

_____

_____

_____

_____

¿En qué síntomas de ira has obtenido la puntuación más alta?

_____

_____

_____

_____

_____

2

La psicología de la ira

¿Recuerdas al personaje de Marvel Comics conocido como el Dr. Bruce Banner, ese físico amable y respetable que iba de ciudad en ciudad haciendo buenas acciones? Todos sabemos lo que pasaba cada vez que se cruzaba con un antagonista: se ponía rojo como una remolacha, los ojos se le salían de las órbitas, la vena de la frente comenzaba a palpitar y se transformaba en el monstruo verde conocido como el Increíble Hulk. Y después de que Hulk volcara algunos coches, volvía a su antiguo yo y continuaba como si nada hubiera pasado.

La transformación de Hulk era bastante drástica, pero cualquiera que esté crónicamente enfadado también experimentará cambios físicos. Eso se debe a que nuestro cuerpo nos dice qué es importante y qué necesidades debemos atender. Por ejemplo, un estómago que ruge significa que necesitamos comer y un bostezo a menudo significa que necesitamos dormir. Si ignoramos estos mensajes del cuerpo, entonces el cuerpo simplemente toma el control y colapsamos por hambre o fatiga.

La ira es otro tipo de mensaje del cuerpo. Es la respuesta del cuerpo a algo que percibe como amenazador. Puede que ni siquiera seas consciente de la amenaza, pero tu cuerpo te alerta del peligro que percibe, y lo hace para que puedas intervenir y tomar medidas urgentes para neutralizar el peligro.

Como hemos visto en el capítulo 1, los hombres que fueron nuestros antepasados cazadores-recolectores siempre tenían que estar preparados para evaluar a un posible depredador y luego elegir rápidamente entre una lucha a muerte o una huida hacia la seguridad. Para ellos, sólo había dos formas de verlo: o vivían o morían. Pero la mayoría de las situaciones en el mundo moderno son mucho más matizadas e incluyen elementos contradictorios: peligro y seguridad, emoción y aburrimiento, afecto e irritación. Por eso, en el mundo actual, no siempre son las grandes cosas las que llevan a erupciones de ira; a veces son las pequeñas cosas que ocurren todo el tiempo: que te quiten una plaza de aparcamiento, quedarte en la cola más lenta de la caja del supermercado, golpearte el dedo gordo del pie, que un camarero te tire por encima una bandeja de vasos que acaban rotos en el suelo... Son estresores cotidianos que te abruman y activan la respuesta de lucha o huida de tu cuerpo.

El momento en que tu cuerpo percibe una amenaza, el cerebro experimenta cambios sorprendentes. Se interrumpe la comunicación entre el córtex prefrontal, donde residen el pensamiento racional y el juicio, y la amígdala, donde reina el miedo. El cerebro se activa con hormonas como la testosterona, la adrenalina y la noradrenalina. Son estas dos últimas las que tienen el verdadero impacto emocional. Pero también hacen que te centres más y estés más alerta en respuesta a la amenaza. Probablemente has experimentado la descarga de energía conocida como *subidón de adrenalina*. Esta subida ayuda a movilizar los músculos a la vez que agudiza temporalmente los sentidos y mejora ciertos tipos de memoria.

> **Tu mente racional no puede competir con la respuesta de lucha o huida de tu cuerpo, y necesitarás unos veinte minutos para calmarte física y psicológicamente incluso una vez que la respuesta haya terminado.**

Mientras esta respuesta automática e instintiva continúa, se dilatan las pupilas, se acelera el corazón, la respiración se vuelve rápida y superficial, la digestión se ralentiza y aumenta la sudoración. El cerebro incluso se ve privado de sangre y oxígeno a medida que esos preciados recursos se envían directamente a los grandes músculos para preparar el cuerpo por si es necesario hacer movimientos rápidos. También te sentirás especialmente seguro de tener la razón, y estarás poderosamente convencido de que es importante hacer algo *ahora mismo*. Y así comienza: echar las culpas, discutir, gritar, dar golpes... y la lista continúa. Después de todo, ¿cómo puedes pensar con claridad cuando tu cerebro está necesitado de sangre y oxígeno? Tu mente racional no puede competir con la respuesta de lucha o huida de tu cuerpo, y necesitarás unos veinte minutos para calmarte física y psicológicamente incluso una vez que la respuesta haya terminado.

No hay nada más urgente que el peligro, y en lo que respecta a tu cuerpo, has vuelto a los mismos lares en los que uno de tus antiguos antepasados fue devorado por un depredador capaz de extinguir toda la especie humana. Tu respuesta de lucha o huida te dice que te enfrentas a una amenaza potencialmente fatal, que debes acabar con ella o huir tan rápido como puedas, y que no debes dejar que esta amenaza se acerque a ti nunca más.

La respuesta de lucha o huida es útil a corto plazo: te indica que algo está mal, te abre los ojos a la situación que te rodea y centra tu atención en lo hay que cambiar. Pero es una respuesta de emergencia, un estado de alta excitación que tu cuerpo no está diseñado para mantener durante mucho tiempo. Cuando esta respuesta persiste en el tiempo, como ocurre cuando te encuentras en un estado crónico de ira, tu cuerpo comienza a colapsar. Entonces, los mismos cambios fisiológicos que están destinados a ayudarte en una emergencia comienzan a interrumpir tu sueño y a disminuir tu apetito. En lugar de sentirte enérgico y mentalmente centrado, pierdes energía y tu juicio se ve afectado. Partes de tu cerebro dejan de comunicarse entre sí y el tejido cerebral se encoge en las regiones que controlan el aprendizaje, la memoria y el pensamiento racional.

> **LA DIVISIÓN DEL TRABAJO DEL CEREBRO**
> El córtex prefrontal y la amígdala tienen el mismo objetivo –ayudarte a sobrevivir–, pero abordan la tarea desde direcciones distintas y con recursos diferentes. El córtex prefrontal te ayuda a razonar para resolver un problema, pero cuando la amígdala percibe una amenaza para tu supervivencia, su respuesta emocional anula el juicio racional del córtex prefrontal.

AFRONTANDO TU HERENCIA EVOLUTIVA Y TRABAJANDO CON ELLA

Nuestros antepasados humanos desarrollaron la respuesta de lucha o huida como un medio de protección contra los depredadores. Las personas de hoy en día no se enfrentan a los mismos tipos de peligro, pero persiste esta respuesta protectora, aunque actualmente por lo general la experimentamos como ira.

¿Cuáles son algunas de las formas en que la ira te sirve como protección?

_____

_____

_____

_____

_____

_____

_____

_____

_____

_____

_____

_____

_____

_____

_____

_____

_____

Reconociendo los signos de la ira

Cuando estás aprendiendo a gestionar la ira de una manera no agresiva, los primeros pasos consisten en reconocer cómo sientes en tu caso la ira y conocer aquellas situaciones que la desencadenan. Es más fácil dar estos primeros pasos si puedes tomar conciencia de los signos físicos, emocionales, conductuales y cognitivos característicos de la ira en tu caso.

Signos físicos

Los signos físicos a menudo son las primeras indicaciones de que te estás enfadando. Si puedes aprender a reconocer estos signos como tus respuestas a acontecimientos que provocan ira, puedes tomar medidas para calmarte antes de que tu ira aumente hasta el punto de perder el control:

- Frecuencia cardíaca más rápida
- Aumento de la tensión arterial
- Aumento de la sudoración
- Tensión muscular
- Dolor de cabeza
- Temblores o sacudidas
- Náuseas o vómitos
- Problemas de sueño
- Fatiga
- Respiración superficial

Signos emocionales

En el capítulo 1, hemos analizado cómo y por qué los hombres reprimen la ira, y hemos hablado de la ira como una emoción secundaria. Antes de sentir ira, siempre tienes un sentimiento diferente, primario. A menudo es un sentimiento que te hace verte a ti mismo mal o vulnerable de alguna manera, pero simplemente también puedes sentirte sin fuerzas, apático o deprimido antes de enfadarte. Enfadarse puede aliviar ese sentimiento primario o bien puede continuar junto a tu ira. Sea como sea, la incomodidad de soportar sentimientos primarios como éstos facilita que rápidamente entres en ira:

- Hostilidad
- Tristeza
- Culpa
- Celos
- Shock
- Preocupación
- Actitud de autoprotección
- Desconfianza
- Vergüenza
- Apatía (falta de interés)
- Pánico
- Pesimismo

Signos conductuales

Los signos conductuales de ira involucran tu tono de voz, tu postura y otros tipos de lenguaje corporal, así como acciones directas e indirectas como las siguientes:

- Apretar los puños
- Deambular de un lado a otro
- Golpear una puerta
- Patear o arrojar algo
- Acercarse a alguien de manera agresiva
- Empujar, agarrar o golpear
- Romper algo
- Referirte a alguien con nombres despectivos
- Lanzar una mirada sucia a alguien
- No dirigir la palabra a alguien
- Cometer actos de rabia en la carretera

- Beber o consumir drogas
- Comer en exceso o muy poco
- Echar la culpa a otros
- Hacer acusaciones
- Gritar

Realidad, imaginación y cerebro

El cerebro no tiene forma de saber si estás viendo *Mad Max: Fury Road** o acontecimientos de la vida real. El córtex prefrontal te dice que estás viendo secuencias de imágenes fijas proyectadas a una velocidad de 24 fotogramas por segundo. Mientras tanto, la amígdala hace que el corazón lata con fuerza mientras los War Boys persiguen a Max Rockatansky a través de un paisaje australiano postapocalíptico.

Si el cerebro no puede distinguir entre lo que es peligroso y lo que no lo es, entonces todo supone una amenaza potencial, y te enfrentarás a muchas falsas alarmas. Por ejemplo, el córtex prefrontal es responsable de recordar que tu exesposa es una morena que te dejó. La amígdala se encarga de inundar el cuerpo con ira cada vez que ves a una mujer que incluso vagamente se asemeje a ella. Y «vagamente» es la palabra clave aquí, ya que la amígdala, en su esfuerzo por determinar si esa morena que se encuentra en la cafetería representa un peligro claro y presente, la evalúa rápidamente en función los recuerdos emocionalmente cargados que tienes almacenados. El lema de la amígdala es «Mejor seguro que arrepentido», y si encuentra alguna similitud clave –el tono de voz, una expresión facial–, activa instantáneamente su sirena de advertencia y provoca una explosión emocional en tu cuerpo. Así que si alguna vez te has preguntado por qué la ira tiene la capacidad de evocar recuerdos de amenazas y acontecimientos dolorosos de hace mucho tiempo, ahora ya lo sabes.

---

* Estrenada en España como *Mad Max: Furia en la carretera* y en Hispanoamérica como *Mad Max: Furia en el camino*. (N. del T.)

Signos cognitivos

Los signos cognitivos tienen que ver con los pensamientos que tienes en respuesta a un acontecimiento que provoca ira. Cuando estás enfadado, puedes pensar que los comentarios neutrales de un amigo son críticos contigo o que las acciones de otros son degradantes, humillantes o controladoras. Algunas personas llaman a estos pensamientos como *diálogo interno negativo* porque son como una conversación que estás teniendo contigo mismo sobre el mundo y otras personas. Están estrechamente relacionadas con este tipo de diálogo interno las fantasías vengativas de derrotar a un enemigo percibido y las imágenes dolorosas de traición por parte de alguien a quien quieres. Los pensamientos, el diálogo interno, las fantasías y las imágenes como éstas pueden hacer que tu ira escale muy rápidamente, y casi siempre están enfocadas en otras personas. Pero desviar la atención de ti mismo pone en manos de otra persona el control de una situación que provoca ira. Puedes aprender a tomar el diálogo interno negativo como un indicio de la tensión creciente que hay dentro de ti. Si te das cuenta de que tienes pensamientos como los que se mencionan a continuación, intenta recordar que cambiar tu tono o tu comportamiento puede evitar una interacción innecesariamente negativa con otra persona:

- Lo ha hecho a propósito.
- Quería hacerme daño.
- Te lo merecías.
- Nunca me lo ha preguntado.
- Está siendo irracional.
- Piensan que son mejores que yo.
- Le enseñaré.
- ¡No es justo!
- Empezó él.
- A ella no le importo.
- No puedo confiar en ella.

CONECTAR CON LA IRA

Para ti, ¿cuáles son los principales signos físicos de la ira?
¿Notas diferentes signos físicos en diferentes situaciones
o con diferentes personas de tu vida?

_____

_____

_____

_____

_____

_____

_____

_____

_____

Para ti, ¿cuáles son los principales signos emocionales de la ira?
¿Eres consciente de algún sentimiento primario que típicamente
está detrás de tu ira?

_____

_____

_____

_____

_____

_____

_____

_____

_____

Para ti, ¿cuáles son los principales signos conductuales de la ira?

_____

_____

_____

_____

_____

_____

_____

_____

_____

_____

¿Tu comportamiento airado suele ser más directo y activo (golpear una puerta, arrojar algún objeto) o más indirecto y pasivo (apretar los puños, emplear un tono de voz particular)?

_____

_____

_____

_____

_____

_____

_____

_____

_____

_____

**¿Expresas la ira directamente en algunas situaciones
e indirectamente en otras?**

_____

_____

_____

_____

_____

_____

_____

_____

_____

_____

_____

**¿Alguna vez te comportas de manera enfadada que sobre todo
te hace daño a ti mismo (comes en exceso, bebes demasiado,
consumes drogas)?**

_____

_____

_____

_____

_____

_____

_____

_____

_____

Para ti, ¿cuáles son los principales signos cognitivos de la ira?

_____
_____
_____
_____
_____
_____
_____
_____
_____
_____
_____
_____

Si tienes fantasías de venganza, o si imaginas que un amigo o un ser querido te va a traicionar, ¿cómo te sientes físicamente mientras se desarrollan estos acontecimientos en tu mente?

_____
_____
_____
_____
_____
_____
_____
_____
_____
_____
_____

Aprende a relajarte

Si estás estresado y crónicamente enfadado, el antídoto lógico y natural para tu estado de estrés es la relajación. Después de todo, no puedes estar enfadado y relajado al mismo tiempo; es fisiológicamente imposible. Siempre tienes la relajación al alcance de la mano porque todo lo que se requiere es que hagas las cosas que ya haces: dormir, comer y respirar. Sólo necesitas practicar para hacer estas cosas de otra manera.

Duerme profundamente

Si no estás durmiendo lo suficiente, o si la calidad de tu sueño es mala, es más probable que te sientas irritable, enfadado y hostil, y reaccionarás de manera más intensa a pequeñas frustraciones y decepciones cotidianas. Se debe a que el insomnio y el sueño deficiente están asociados a una mayor actividad en la amígdala (más ira) y un funcionamiento reducido en el córtex prefrontal del cerebro (peor juicio). A continuación, te ofrezco algunos consejos para mejorar la calidad del sueño:

- **No hagas siestas durante el día.** Si duermes durante el día, interrumpes tu reloj interno y haces que aún sea más difícil conciliar el sueño por la noche. Si estás especialmente cansado y sientes que necesitas dormir, hazlo temprano y pon una alarma para no dormir más de 30 minutos.
- **Limita el consumo de cafeína y de alcohol.** Evita estas bebidas varias horas antes de ir a dormir. El alcohol puede hacer que al principio te sientas somnoliento, pero más adelante puede interrumpir tu sueño durante la noche y contribuir a un patrón de sueño interrumpido.
- **No fumes.** La nicotina es un estimulante. Si fumas, puede que te resulte difícil conciliar y mantener el sueño.

- **Procura que el dormitorio sea tranquilo y cómodo.** Tu habitación debe estar bien ventilada y la temperatura debe ser constante. También intenta mantener el dormitorio en silencio. Un ventilador o una máquina de ruido blanco pueden ayudar a bloquear los ruidos externos.
- **Esconde tu reloj.** Guarda tu reloj en un lugar que no puedas ver desde tu cama. Cuando intentas conciliar el sueño, lo último que necesitas es un enorme reloj digital iluminado que te invite a concentrarte en la hora y que haga que te sientas estresado y ansioso.

¿La ira provoca enfermedades?

Decir que la ira provoca enfermedades sería exagerar lo que la ira puede hacer. Pero sabemos que la ira provoca un estado de alta excitación fisiológica y que la ira crónica afecta al cuerpo. A continuación te muestro algunos problemas de salud en los que la ira no gestionada puede desempeñar un papel, ya sea a corto o a largo plazo:

- ▶ Dolores de cabeza
- ▶ Problemas digestivos, como dolor abdominal
- ▶ Insomnio
- ▶ Problemas de salud mental, como ansiedad excesiva y depresión
- ▶ Problemas epidérmicos, como eczemas
- ▶ Problemas cardiovasculares, como infartos, accidentes cerebrovasculares o hipertensión

Come bien

Como ya sabes, cuando ignoras una señal importante de tu cuerpo, éste reacciona de una manera que está destinada a llamar tu atención, y cuanto más ignores la señal de tu cuerpo, más fuerte será la reacción de éste. De hecho, en un artículo publicado en 2012 en la revista *Biological Psychiatry* se definió por primera vez como *hanger** la ira que se siente al pasar demasiado tiempo sin comer y dejarse llevar por el hambre. A continuación, te ofrezco algunos consejos para mantener a raya el *hanger*:

- **Asegúrate siempre de llevar algo de comida encima.** Tratar de calmar el *hanger* con dulces u otros tipos de comida basura sólo creará un ciclo vicioso, ya que el nivel de azúcar en la sangre se dispara durante treinta minutos y luego cae en picado, dejándote aún más hambriento (y enfadado) que antes.
- **No te saltes las comidas.** Perder una comida significa perder una oportunidad de proporcionar energía al cuerpo y la mente. No deberían pasar más de cuatro o cinco horas entre comidas. Si prefieres no picar entre comidas, considera hacer cinco comidas pequeñas distribuidas a lo largo del día en lugar de las típicas (desayuno, almuerzo y cena).
- **Picotea de manera inteligente.** Si decides picar entre comidas, utiliza el trío probado de proteínas, grasas e hidratos de carbono para mantener el nivel de energía sin perder el control. Un trozo de queso y algunas galletas integrales, una manzana y unos cuantos frutos secos, unos bastoncitos de apio untados con mantequilla de cacahuete, u otros tentempiés pueden acudir a tu rescate cuando sientas que se hunde tu estado de ánimo y se avecina un colapso emocional.

---

* El término *hanger*, que se puede traducir como «percha», es en realidad una combinación de las palabras *hunger* («hambre») y *anger* («ira»). (*N. del T.*)

Respira profundamente

Recuerda lo que la gente te ha dicho sobre hacer una respiración profunda tan pronto como te sientes alterado. Puede ser un cliché, pero sigue siendo un buen consejo. Se debe a que tu primera reacción ante la frustración u otros tipos de malestar emocional es puramente fisiológica: experimentas un subidón de adrenalina que te prepara para actuar ante el peligro. Dedicar unos instantes a respirar profundamente suele ser todo lo que se necesita para tranquilizar el cuerpo. Cuando deliberadamente haces unas respiraciones lentas y profundas, le estás diciendo al cuerpo que ya ha pasado el peligro y el cuerpo deja de producir adrenalina. La respiración lenta y profunda disminuye la frecuencia cardíaca, reduce la tensión arterial y libera endorfinas, los analgésicos naturales del cuerpo.

RESPIRA BUSCANDO LA RELAJACIÓN

Coloca la mano en el pecho. Inhala y exhala por la boca en grandes suspiros para poder sentir cómo el pecho se acerca y se aleja de la mano. Es lo que se conoce como *respiración torácica*, una forma superficial de respiración que a menudo es una respuesta al estrés. La respiración torácica rápida lleva oxígeno rápidamente a los músculos para que puedas luchar si es necesario o huir de lo que te está estresando. La frecuencia cardíaca y la tensión arterial aumentan, y te sientes revolucionado. Si en algún momento te sientes mareado o aturdido, desacelera tu respiración. Pero sigue respirando así durante un minuto y fíjate en cómo te sientes transcurrido este tiempo.

Coloca la mano sobre el estómago, justo debajo de las costillas. Comienza inhalando lenta y profundamente por la nariz, como si estuvieras oliendo una flor fragante, y al inhalar, di para tus adentros la palabra «dentro». Frunce los labios y exhala, lenta y gradualmente, como si estuvieras soplando una vela sólo lo suficiente para hacer que la llama parpadee, y al exhalar, di para tus adentros la palabra «fuera» y siente cómo el estómago se mueve hacia arriba y hacia abajo por debajo de la mano. No lo fuerces, sólo respira hacia dentro y hacia fuera, en silencio y constantemente, a tu propio ritmo. Centra tu atención en cómo se siente el aire al pasar por las fosas nasales al entrar y cómo fluye por entre los labios al salir. Es la *respiración abdominal*, la forma profunda y natural en que respirabas de bebé y aún respiras cuando estás dormido o muy tranquilo. Sigue respirando así durante un minuto y fíjate en cómo te sientes transcurrido este tiempo.

Ahora compara cómo te has sentido físicamente después de un minuto de respiración torácica y cómo te has sentido físicamente después de un minuto de respiración abdominal.

**¿Ha habido alguna diferencia en cómo latía tu corazón
después de realizar cada tipo de respiración?**

_____

_____

_____

_____

**¿Tu estado emocional ha sido diferente con los dos tipos
de respiración? ¿Qué ha pasado con tus pensamientos?**

_____

_____

_____

_____

Prueba la respiración profunda la próxima vez que
experimentes un dolor de cabeza por tensión, un dolor de
espalda, insomnio o alguna otra manifestación física del estrés.
También es una buena idea reservar unos minutos cada día para
hacer respiración profunda. Comienza practicando mientras
estás acostado en la cama y preparado para ir a dormir.

Si puedes practicar la respiración profunda cuando no te
sientes enfadado, entonces te será más fácil recurrir a la
respiración profunda como un remedio en momentos de estrés.
Y a medida que vayas adquiriendo habilidades, puede que te
encuentres pasando automáticamente al modo de respiración
profunda cada vez que surja el estrés.

> Puedes profundizar tu estado de relajación si imaginas
> que estás inhalando la frescura del aire del mar, tu perfume
> favorito, el olor del café tostado, el aroma de unas galletas
> cociéndose en el horno o cualquier otro aroma que asocies
> con placer.

Gestión de la ira

3

La mente por encima de la ira

Un abuelo estaba enseñando a su nieto cosas sobre la vida.

«Dentro de mí tiene lugar una encarnizada lucha», le dijo el hombre al niño. «Es entre dos lobos. Un lobo es el mal. Es la culpa, la ira, la envidia, el arrepentimiento, la codicia, la arrogancia, la autocompasión, el resentimiento, la mentira, la inferioridad, el falso orgullo, la superioridad, la duda y el ego. El segundo lobo es bueno. Es la alegría, la paz, el amor, la esperanza, la serenidad, la humildad, la bondad, la benevolencia, la empatía, la generosidad, la verdad, la compasión y la fe. Es una lucha terrible, y esa misma lucha se está produciendo dentro de ti, y también dentro de cualquier otra persona».

El niño estuvo pensando un minuto en lo que le había dicho su abuelo.

«¿Qué lobo ganará la pelea?», preguntó el niño.

«El que yo alimente», respondió simplemente el anciano.

La ira es una respuesta fisiológica automática, como parpadear o respirar. Del mismo modo que puedes decidir tomar el control consciente sobre cuándo y cómo parpadeas y respiras, puedes tomar el control de los pensamientos enfadados que desencadenan tu respuesta automática de ira.

Este capítulo explora cómo y dónde aprendiste a lidiar con la ira, y cómo diferentes tipos de consejos poco útiles pueden haber moldeado tus respuestas a acontecimientos que provocan ira. El capítulo también examina cómo las explosiones de agresión pueden ser desencadenadas por interpretaciones de personas y acontecimientos. Finalmente, el capítulo explica algunas técnicas de sanación para dejar ir la ira.

La ira como un comportamiento aprendido

Los seres humanos aprenden imitando a otros seres humanos, incluso en el primer día de vida: si sacas la lengua a un recién nacido, es probable que el bebé te saque la lengua como respuesta. Esto significa que la imitación sentó las bases para todo lo que has aprendido. Y también significa que cuando eras un niño y alguien empleaba un tono desagradable contigo, probablemente aprendiste a emplear ese tono. O si uno de tus progenitores salía de la habitación cada vez que te enfadabas, es posible que hayas aprendido a responder de esa misma manera a la ira de otras personas, independientemente de cuán rechazado, aislado y abandonado te hiciera sentir la respuesta de tu progenitor. Como muchos otros hombres, puede que no recuerdes que te enseñaran a lidiar con tu propia ira y con la de los demás, pero esas lecciones sí se dieron, y las aprendiste ya sea directa o indirectamente a través de la observación.

En general, las personas se enfadan porque quieren que algo o alguien cambie, pero son incapaces de descubrir cómo hacerlo. En esta situación, surge un sentimiento de impotencia, junto con el deseo de no sentirse o no parecer impotente.

Un hombre enfadado que se siente impotente está ansioso por revelar su vulnerabilidad. Como resultado, también se siente inseguro porque la situación prácticamente lo invita a compararse con los demás y luego a sentirse inferior a esas personas supuestamente más inteligentes y competentes. Crece su ira y comienza a estar resentido con esas personas por sus habilidades de afrontamiento superiores y a odiarse a sí mismo por ser tan estúpido.

A medida que este proceso continúa, se vuelve hacia las lecciones emocionales problemáticas que aprendió en su infancia. También puede recurrir a amigos o familiares para pedirles consejos que resultan ser todo menos útiles y sólo hacen que se sienta más enfadado. A partir de ahí, sólo hay un pequeño paso para que acabe concluyendo que debe tener algún problema por sentirse como se siente y ser como es. En resumen, nada de lo que ha aprendido o ha escuchado sobre la ira le resulta útil cuando está verdaderamente enfadado.

Lecciones emocionales problemáticas

Cuando puedes identificar las lecciones que te enseñaron sobre las emociones y cómo éstas deben ser gestionadas, te vuelves más capaz de cambiar tu forma de experimentar y expresar la ira. A continuación, te menciono algunas lecciones que posiblemente has aprendido durante la infancia:

- Siempre trata los sentimientos de los demás como más importantes que los tuyos.
- Nunca hagas nada que pueda hacer infeliz a otra persona.
- No expreses ira.
- Enfadarse llama la atención.

- Ignora tus sentimientos; o, mejor aún, ni siquiera tengas sentimientos.
- No confíes tus sentimientos a los demás; mantén tus sentimientos para ti.
- Nunca confíes en tus sentimientos; confía sólo en la lógica.
- Sé feliz siempre.
- Los hombres no lloran.

¿Qué lecciones emocionales te enseñaron?

NO TE DEJES ENGAÑAR
POR CONSEJOS INÚTILES

La mayoría de los consejos sobre la gestión de la ira que la gente piensa que son útiles, en realidad empeoran las cosas. Dejan a quien los recibe enfadado porque siente que en realidad no está siendo escuchado ni comprendido. Y, por supuesto, no resuelven el problema.

Cada uno de los siguientes ejemplos de consejos inútiles va acompañado de uno o más comentarios sobre la naturaleza del consejo o sus posibles efectos. Después de cada ejemplo, escribe unas pocas palabras sobre una situación en la que se te ofreció el consejo y responde a las siguientes preguntas:

¿Cómo reaccionaste? ¿Qué más puedes decir sobre el efecto que tuvo el consejo sobre tu lucha contra la ira?

«Sólo puedes culparte a ti mismo». Este comentario no sólo se centra en quién es el culpable, sino que culpa a la víctima –tú– porque te acusa de provocar el problema y luego de no resolverlo. En lugar de ayudarte a entender el problema, te anima a sentirte inepto, incompetente e inferior.

_____

_____

_____

_____

_____

_____

_____

_____

_____

_____

_____

_____

«No quieres cambiar; en realidad te gusta sufrir». Éste es otro ejemplo de un consejo que culpa a la víctima. Los potenciales ayudantes dicen esto cuando se sienten incompetentes para resolver un problema. Es cierto que algunas personas utilizan su dolor y su sufrimiento para manipular a otros y conseguir lo que sienten que no pueden conseguir de otra manera más saludable. Quizás tú mismo hayas hecho esto. Pero la verdad más completa es que las personas no disfrutan con su sufrimiento y a nadie le gusta sufrir.

_____

_____

_____

_____

_____

_____

_____

«Enfadarse no sirve de nada». Ésta es una afirmación cierta. Sin embargo, como consejo, equivale a decir: «No sirve de nada contagiarse de varicela». El hecho es que los hombres se enfadan, ya sea que sirva de algo o no. En lugar de afirmar lo obvio, sería mejor que tu potencial ayudante te preguntara: «¿Cómo puedes gestionar la ira de una manera que te brinde el alivio que necesitas y no te provoque más dolor?».

_____

_____

_____

_____

_____

_____

_____

«Nadie puede hacerte enfadar sin tu permiso». Éste es otro ejemplo de culpabilizar a la víctima. No estás hecho de piedra. Puedes aprender a respetarte a ti mismo sin importar cómo se comporten los demás, y no tienes que imitar o devolver su maltrato o su mal comportamiento. Pero esencialmente el potencial ayudante que da este consejo te está diciendo que la ira nunca es legítima.

«Sé amable, o de lo contrario nadie te querrá». En este caso, el mensaje es valorar la amabilidad por encima de todo. Pero el mundo no siempre es amable, y este consejo es una preparación para que el receptor internalice la ira y explote más tarde en lugar de gestionar la ira en el presente de una manera saludable.

«¿Qué pensará la gente?». En realidad, no es una pregunta.
Es un consejo, un consejo muy potente presentado como una
orden. La orden es «¡Cállate!» y la persona que responde así
cuando te enfadas en público, a menudo alguien cercano a ti,
te está diciendo que la aprobación de los transeúntes anónimos
es más importante que la angustia de un ser querido.

«Puedes resolver cualquier problema si simplemente te lo
propones». Este consejo es coherente con los ideales
masculinos exagerados de independencia y pragmatismo.
Pero, así como algunos problemas del corazón no aparecerán
en un electrocardiograma, no todos los problemas a los que te
enfrentas se pueden resolver con la cabeza, es decir, de manera
racional.

«No pasa nada». No, sí que pasa. Pero muchos hombres se sienten mucho más cómodos pretendiendo que no pasa nada, que enfrentándose a que pasa algo, y se sentirán aliviados si tú también adoptas esta postura.

_____

_____

_____

_____

_____

_____

_____

_____

_____

_____

«No es nada por lo que te tengas que preocupar». Es el consejo que recibes cuando tu potencial ayudante no puede resolver el problema y espera que se solucione solo.

_____

_____

_____

_____

_____

_____

_____

_____

_____

_____

_____

«Deja de pensar en ello. No hay nada que puedas hacer». Éste es otro consejo que la gente te da cuando se siente incapaz de ofrecer una solución. Pero el pasado no está muerto. Tu dolor emocional sigue vivo y te afecta en el presente. No puedes mejorar las cosas en el presente decidiendo no pensar en acontecimientos dolorosos de tu pasado.

_____

_____

_____

_____

_____

_____

«No tienes derecho a estar molesto». La persona que hace esta afirmación te está aconsejando que pongas un problema emocional dentro de un marco racional. Es cierto que hay formas más y menos apropiadas de expresar la ira, pero tu derecho a sentir ira nunca debe cuestionarse. Cuando la ira se convierte en un problema emocional, responde a soluciones emocionales, no a prohibiciones racionalistas. Pero de todos modos este comentario no es muy racional, ya que básicamente equivale a avergonzarte por estar enfadado.

_____

_____

_____

_____

_____

_____

_____

> Aconsejar es como cocinar: debes probar lo que estás
> sirviendo antes de ofrecérselo a los demás.

Consejos inútiles

Dondequiera que mires, parece que hay alguien esperando para darte consejos. Las personas han construido carreras enteras diciéndoles a los hombres cómo ser padres cariñosos, esposos amorosos y buenos profesionales. Y ni siquiera tienes que ver a un terapeuta profesional; tus amigos y familiares, con toda la buena intención, están más que felices de opinar cuando ven que te encuentras en un apuro.

Desafortunadamente, sin embargo, cuando se trata de la ira no gestionada, la mayoría de las personas no son expertas, y, por lo tanto, en realidad no saben cómo abordar el problema. Es posible que sean capaces de contarte soluciones que funcionaron en su caso, pero sus soluciones pueden no funcionar en tu caso. O, porque realmente quieren ayudar, repetirán la sabiduría recibida como «Cámbiate a ti mismo, y todo lo demás cambiará». Este tipo de consejo menciona un objetivo, pero no te dice nada en absoluto sobre cómo alcanzarlo.

Las personas dan consejos por todo tipo de motivos, a menudo porque tienen buenas intenciones y realmente quieren ayudar. Pero querer ayudar no es lo mismo que realmente poder ayudar. Cuando eres el receptor de consejos de potenciales ayudantes, reconoce sus buenas intenciones, pero siéntete libre de desvincularte de cualquier obligación de seguir sus sugerencias.

¿Gestionar la ira significa prevenir un desastre?

Puede que hayas llegado a creer que gestionar la ira significa poder prevenir que otras personas te hagan daño o tener el poder de evitar otros tipos de desastres personales. Si esto es lo que crees, entonces también tienes que creer que puedes ver el futuro y que puedes resolver problemas antes de que aparezcan.

Pero cuando compras la idea de que gestionar la ira significa prevenir desastres, te preparas para sentirte un incompetente. No puedes predecir el futuro con una precisión perfecta, y así, cuando sucede un desastre a pesar de tu creencia de que podrías haberlo prevenido, te culpas por no haberlo visto venir.

¿Qué conexiones puedes establecer entre la ira y la creencia de que gestionar la ira significa prevenir que sucedan cosas malas?

_____

_____

_____

_____

_____

_____

_____

_____

_____

Lo que ves es lo que consigues

Una vez, cuando estaba mirando las noticias, vi una historia sobre un hombre que vivía en el sur de California cuya casa había sido destruida por un deslizamiento de barro. Estaba llorando y le dijo a una reportera que quería que el gobierno federal interviniera y ayudara. Calle abajo, la reportera encontró a otro hombre que había sufrido el mismo destino. «Mi familia está bien», le dijo este hombre. «Todas nuestras cosas han quedado enterradas en el barro, pero podemos salvar muchos objetos». Cuando la reportera le preguntó qué les pasaría a él y a su familia, el hombre respondió: «Siempre he deseado tener un tercer dormitorio». El primer hombre veía su casa destrozada y sólo veía pérdida. En cambio, el segundo hombre veía la oportunidad de salvar lo que pudiera de su pasado y seguir adelante para construir un futuro mejor. El primer hombre veía pérdida, y todo lo que consiguió fue una tristeza inútil. El segundo hombre veía posibilidad, y lo que obtuvo fue energía esperanzadora.

En otras palabras, cómo interpretes una situación determina lo que sentirás al respecto. Del mismo modo, lo que has sentido acerca de una situación en el pasado influirá en cómo interpretes una situación similar en el futuro, aunque la similitud pueda ser leve. Por ejemplo, si te has vuelto hipersensible a las señales de rechazo, entonces puedes sentirte menospreciado por algo tan aleatorio y sin sentido como dos extraños en tu parada de autobús teniendo una conversación que no te incluye. Y, como podrías imaginar, si a menudo estás enfadado, entonces puedes tender a interpretar acontecimientos neutrales de maneras que provocan ira.

SESGO DE CONFIRMACIÓN

Tu cerebro es experto en detectar un patrón completo a partir de sólo unas pocas pistas. Un resultado es que eres susceptible al sesgo de confirmación, un tipo de pensamiento selectivo que hace que te fijes en las pruebas de lo que ya crees y pases por alto otras pruebas que podrían ir en otra dirección. Cuando la vida se ajusta invariablemente a tus expectativas más negativas, puedes estar seguro de que interviene el sesgo de confirmación.

Cuando sientes ira o cualquier otra emoción, tu sentimiento es el producto de dos factores:

1. La excitación fisiológica objetiva que un acontecimiento particular provoca en ti
2. Tu interpretación subjetiva del acontecimiento

Por ejemplo, cuando alguien pisa tu dedo gordo del pie, sientes dolor y tu corazón comienza a latir más rápido. Estas reacciones automáticas son la respuesta física inicial de tu cuerpo al acontecimiento. Si interpretas este acontecimiento como un accidente, seguirás sintiendo dolor físico, pero no estarás enfadado. Pero si interpretas el acontecimiento como una provocación deliberada, es probable que reacciones con ira. La excitación fisiológica provocada por un acontecimiento es involuntaria, pero tienes la opción de cómo interpretas el acontecimiento, lo que significa que también tienes una opción sobre tu reacción emocional. Tu interpretación, y no el acontecimiento en sí, es clave para tu experiencia emocional. Si te das cuenta de que a menudo te encuentras en un estado de ira, puede que desees examinar las interpretaciones que estás aportando a los acontecimientos, ya que tus interpretaciones pueden estar promoviendo pensamientos airados que modifican tus expectativas sobre cómo se desarrollará tu vida.

Excitación + Interpretación = Emoción

CUESTIONA TUS PENSAMIENTOS DE ENFADO

El pensamiento distorsionado implica pensamientos que aparecen de repente y te hacen sentir peor. Cuando estés enfadado, observa tus pensamientos. ¿Estás cometiendo errores en cómo interpretas las situaciones? Busca patrones recurrentes como los descritos a continuación.

Tomarse las cosas de manera personal. Buscas y esperas críticas de otras personas, y cuando las encuentras, te sientes herido. Pero a veces, las cosas simplemente no tienen que ver contigo. Una persona de mal humor que te responde de manera brusca puede que esté pasando un mal día y no sepa gestionar muy bien su propia ira.

¿A veces te tomas las cosas de manera personal, incluso cuando tienen poco o nada que ver contigo, y luego te sientes herido o enfadado? Menciona algunos ejemplos.

_____

_____

_____

_____

_____

_____

_____

_____

_____

_____

_____

_____

_____

_____

Ignorar lo positivo. Te centras en los aspectos negativos de una situación e ignoras los positivos. Por ejemplo, te hacen muchos cumplidos, pero te fijas en un único comentario negativo.

¿A veces ignoras los aspectos positivos de las situaciones? Menciona algunos ejemplos.

_____

_____

_____

_____

_____

_____

_____

Buscar la perfección. Esperas demasiado de ti mismo y de los que te rodean. Cuando los demás no cumplen con tus estándares tan elevados, te sientes decepcionado y herido, y tu dolor rápidamente se convierte en ira. Cuando reina el perfeccionismo, a menudo te resulta imposible ver que los demás son sistemáticamente solidarios contigo, aunque no sean perfectos.

¿A veces esperas la perfección de ti mismo o de los demás? Menciona algunos ejemplos.

_____

_____

_____

_____

_____

_____

Ver situaciones como injustas. No hay un estándar absoluto cuando se trata de cómo las personas piensan qué es justo y qué es injusto. Decir que algo es justo o injusto es hacer un juicio subjetivo en función de lo que deseas, necesitas o esperas de una situación particular.

¿A veces te encuentras con injusticias? Menciona algunos ejemplos.

_____

_____

_____

_____

_____

_____

_____

Haciendo profecías autocumplidas. Sobre la base de un único acontecimiento desagradable, sacas conclusiones pesimistas, cínicas y derrotistas sobre la vida en su conjunto. Ves el mundo a través del prisma de tus pensamientos negativos y esperas que suceda lo peor. Y a menudo también es lo que consigues.

¿A veces llegas a conclusiones negativas y luego ves y experimentas el mundo a través de ellas? Menciona algunos ejemplos.

_____

_____

_____

_____

_____

_____

_____

Pensar en términos de todo o nada. El pensamiento de o blanco o negro te saca del terreno intermedio donde se desarrolla la mayor parte de la vida real. Por ejemplo, te sientes traicionado cuando un buen amigo te decepciona –tal vez porque te sentías incómodo diciéndole aquello que querías y esperabas en una situación concreta– y la próxima vez que lo ves, le dices airado que nunca volverás a confiar en él.

¿A veces piensas en términos de blanco o negro, de todo o nada? Menciona algunos ejemplos.

_____

_____

_____

_____

_____

_____

_____

Para gestionar la ira, es importante reconocer y desafiar patrones de pensamiento distorsionados como éstos. A continuación, te ofrezco cuatro pasos para identificar dónde puede estar fallando tu pensamiento.

1. Describe una situación en la que podrías enfadarte fácilmente (por ejemplo, alguien se te cuela en la fila de la oficina de correos).

_____

_____

_____

_____

_____

_____

2. Escribe aquello que te hace enfadar de esta situación (por ejemplo, colarse en la fila es una falta de respeto para los demás).

_____

_____

_____

_____

_____

3. Fíjate en tu diálogo interno y escríbelo (por ejemplo, «La gente hoy en día es muy grosera»).

_____

_____

_____

_____

_____

4. Pregúntate si realmente habría alguna diferencia si la situación que has descrito se desarrollara en la vida real.

_____

_____

_____

_____

_____

La mayoría de las veces, situaciones como la que acabas de describir no tienen ninguna importancia, por lo que no tiene sentido que reacciones de manera exagerada. Es totalmente comprensible que te sientas enojado por las cosas que no te agradan, y puedes canalizar tu ira de forma constructiva si la usas para cambiar las situaciones con las que no te sientes feliz. De esta manera, puedes elegir ver la ira como algo que no es ni bueno ni malo, sino simplemente humano.

Cómo los pensamientos dan forma a las respuestas: un ejemplo clínico

Gabriel llevaba casado con Nancy doce años. Se enfurecía de manera incontrolable por nada, y cuando Nancy le preguntaba por qué, él siempre respondía: «No sé qué me ha pasado». Para cuando Gabriel buscó ayuda profesional, Nancy tenía miedo de su ira e incluso temía que el simple hecho de hablar con él pudiera bastar para provocar una explosión de ira. Cuando él estaba en casa, se sentía ansiosa la mayor parte del tiempo, y a veces incluso cuando no lo estaba. Así es como se desarrolló una de las sesiones de Gabriel con su terapeuta:

Terapeuta: ¿Qué te hizo enfadar tanto la semana pasada cuando Nancy te pidió que la ayudaras con las tareas del hogar?

Gabriel: Fue la forma en que lo dijo.

Terapeuta: ¿De qué forma te lo dijo?

Gabriel: Diciéndome qué tenía que hacer. No dándome una opción. Sonaba como una orden: «Hazlo ahora, o de lo contrario...». Odio esto.

Terapeuta: ¿A quién te recuerda esto?

Gabriel: A mi padre. Ella me lo recuerda mucho cuando se pone así.

Terapeuta: ¿Qué hacía tu padre cuando no hacías lo que él quería que hicieras?

Gabriel: Gritaba y me amenazaba con castigarme si no lo hacía lo suficientemente rápido o si no lo hacía bien.

Terapeuta: ¿Qué significaba para ti «hacerlo bien»?

Gabriel: Significaba hacerlo a su manera, o de lo contrario...

Terapeuta: ¿Sabías cuál era su manera?

Gabriel: Creía que sí, pero él siempre encontraba algo mal.

Terapeuta: ¿Sabes cómo se llama cuando no hay nada mal?

Gabriel: Eso nunca me pasó.

Terapeuta: Se llama *perfección*, y ningún humano es perfecto. No era justo que se te exigiera ser perfecto. Y cuando eras niño, no podías distinguir qué era un error y qué no. Si no puedes identificar qué es un error, ¿cómo puedes corregirlo? No podías leer su mente. Te preparó para que recibieras críticas y castigos. ¿Alguna vez sentiste que, hicieras lo que hicieras, no lo hacías lo suficientemente bien para conseguir su aprobación?

Gabriel: Aún me siento así con Nancy.

Terapeuta: Tu memoria emocional no sabe distinguir la diferencia. Lo siente de la misma manera. Tu corazón no tiene ojos y no puede distinguir a alguien del pasado de alguien en el presente. No te ayudó nada que tu padre te culpara por no cumplir sus expectativas poco realistas, pero tampoco te ayuda que te desquites con Nancy. Eso es exactamente lo que te hizo tu padre. Nunca te hizo sentir bien, y ahora está haciendo que ella sienta el mismo dolor que tú sentías entonces.

Gabriel: Nunca lo había pensado así.

Terapeuta: ¿Crees que puedes darte cuenta de que vives en el pasado y decidir vivir en el presente?

Gabriel: No era consciente de que tenía esta opción.

Terapeuta: Tu padre es una persona imperfecta que expresaba su doloroso desprecio hacia sí mismo arrojando críticas sobre ti. No era nada justo. ¿Cómo puede alguien criticar a una persona, a un niño, por ser imperfecto, como si fuera culpa del niño? Nadie es perfecto, ni se puede esperar que lo sea. No era justo; no podías serlo. Sólo era cuestión de tiempo antes de que te gritara y te castigara. ¿Te hizo enfadar esta injusticia?

Gabriel: Sí.

Terapeuta: ¿A quién le tienes rabia?

Gabriel: A él, por gritar y culparme. Sólo quería complacerlo y hacerlo feliz, pero nunca pude.

Terapeuta: Te tomaste su comportamiento como algo personal. Te hizo sentir un fracasado como hijo y como ser humano. ¿Con quién más estás enfadado?

Gabriel: Estoy enfadado conmigo mismo por ser un desastre. Seguí intentándolo, pero nunca conseguí ser lo suficientemente bueno para complacerlo. Pero ¿por qué seguiría intentándolo si sabía que iba a fracasar? Debe ser que soy un idiota.

Terapeuta: No estás teniendo en cuenta tus esfuerzos. Te estás culpando por cosas que no puedes controlar. ¿Cuándo conseguiste superarlo?

Gabriel: ¿Superarlo? ¡Todavía lo estoy viviendo hoy en día!

Terapeuta: Tienes la opción de decidir si quieres seguir aferrándote a esta ira por cosas del pasado. Esta emoción reprimida ya ha comenzado a penetrar en tu matrimonio, y matará tu felicidad. Nancy quiere saber por qué eres incapaz de cooperar con ella y ayudar en las tareas del hogar. Tiene miedo de pedirte algo.

Gabriel: No la culpo. Ni siquiera era consciente de que me tenía miedo. No quiero esto. Simplemente me ensimismo demasiado para tener en cuenta sus sentimientos.

Terapeuta: Bueno, ya has aprendido esto. Nunca nadie ha tenido en cuenta tus sentimientos. Nadie de tu familia valoraba los sentimientos. Tampoco se valoraba la cooperación. Tu padre no intentó cooperar nunca. Buscaba tu sumisión. Y te enseñó a atacar y buscar la sumisión para lograr tu propia definición de perfección. Es un buen ejemplo de control negativo.

Gabriel: Cuando Nancy me dice que haga algo, vuelven a surgir todos esos viejos sentimientos. Siento que me están forzando... como si no tuviera elección. Me siento una víctima. Como si alguien me fuera a castigar por no hacerlo de la manera correcta.

Terapeuta: Te sientes controlado por ella.

Gabriel: Estoy controlado por ella.

Terapeuta: Sentirse sin el control es doloroso. Y quieres aliviar este dolor tan rápidamente como puedas.

Gabriel: ¿Tú no lo harías?

Terapeuta: ¿Funciona tu manera? ¿Te aporta alivio? ¿O te deja aún con más dolor por la culpa que sientes después de actuar de maneras que están aún más fuera de control?

Gabriel: Nunca lo había pensado así. Me siento más fuera de control, pero no sé qué más hacer.

Terapeuta: ¿Puedes elegir preguntarle a Nancy si realmente se tiene que hacer de inmediato o si puede esperar unos minutos hasta que estés libre?

Gabriel: Eso me resulta difícil.

Terapeuta: ¿Cuál es la parte más difícil de esto?

Gabriel: Es como si estuviera pidiendo permiso.

Terapeuta: ¿Tienes derecho a pedir lo que quieres?

Gabriel: Sí.

Terapeuta: ¿Sobre qué base?

Gabriel: No lo sé.

Terapeuta: Como miembro igual de la raza humana. Ni superior ni inferior, ni mejor ni peor. Tú, Nancy y tu padre sois dignos de amor incondicional y valiosos, a pesar de vuestros errores e imperfecciones. No tienes que demostrar tu valor ni defenderte de los juicios de los demás. Tú eres el que juzga, y tú eres el que decide cuán bueno es suficientemente bueno para considerarlo un éxito.

Gabriel: Nunca lo había pensado así. Siempre estoy tratando de hacerlo todo por mi cuenta, pero es igual lo mucho que lo intentara, nunca pude.

Terapeuta: Debe ser muy frustrante y desalentador. Puedes superar este aprendizaje de tu infancia empujando tu zona de confort y pidiéndole a Nancy lo que deseas. No es mendigar. Es una petición de cooperación entre dos miembros iguales de la raza humana.

Gabriel: ¿Qué pasa si no consigo lo que estoy pidiendo?

Terapeuta: ¿Hará que te enfades?

Gabriel: Sí.

Terapeuta: ¿Te lo tomarás como algo personal?

Gabriel: Sí. Me sentiré como un idiota, como si hubiera tenido que saberlo.

Terapeuta: No serás un idiota. ¿Defiendes tu autoestima en términos de la aprobación de Nancy? No puedes complacer siempre a todo el mundo. No puedes leer la mente de los demás. ¡En realidad no sabes qué les agrada! ¡Ya tienes suficiente con descubrir qué te gusta a ti! Puedes darte cuenta cuando estás a punto de reaccionar contra Nancy como lo hacías antes, por miedo a ser castigado por equivocarte y disgustarla. En vez de ello, puedes elegir vivir en el presente. Puedes escuchar lo que en realidad te está diciendo, no lo que sientes que te está diciendo. Ella no es tu padre. Ella es tu esposa imperfecta, en el presente. Ella no es superior, tú no eres inferior, y ambos sois miembros iguales de la raza humana.

Gabriel: ¿Cómo me acuerdo de esto?

Terapeuta: Al empujar tu zona de confort y pedirle a Nancy su cooperación, como un adulto a otro. Puedes decirle «Nancy, ¿te parece bien si lavo los platos después de que los niños se vayan a la cama? Estos días no tengo la posibilidad de verlos mucho». ¿Puedes hacerlo?

Gabriel: No lo sé.

Terapeuta: Hay una manera de averiguarlo, y es salir de tu zona de confort y asumir el riesgo cuando se presente la oportunidad. ¿Quién controla tu elección?

Gabriel: Supongo que yo.

Terapeuta: Si tú no lo haces, ¿quién lo hará? Depende de ti; sólo tienes control sobre ti mismo.

Una de las principales ideas que extrajo Gabriel fue que la cooperación no es sumisión, y que intentar complacer a otra persona —su padre años antes o su esposa en la actualidad— no es la manera de tener el control y no es la manera de evitar un desastre (como si eso fuera siquiera posible). Por el contrario, como Gabriel estaba comenzando a descubrir, tratar de controlar una situación cumpliendo los estándares de otra persona está destinado a generar sentimientos de culpa que en última instancia pueden llevar a una ira fuera de control.

Técnicas para dejar ir la ira

En esta sección, veremos tres poderosas maneras de acelerar el proceso de sanación de la ira: practicar el perdón por el comportamiento hiriente de los demás, fomentar el respeto a uno mismo y escribir sobre situaciones que provocan ira y otras emociones dolorosas.

Practicar el perdón

Cuando te aferras al dolor del pasado, en realidad estás intentando aliviar tu dolor menospreciando a otras personas y ensalzándote a ti mismo. Puedes llegar a pensar que ali-

mentar viejas heridas es la forma de tener el control y prevenir la humillante exposición de tus imperfecciones. Incluso
puede que tengas fantasías vengativas de finalmente lograr
justicia haciendo daño a las personas que te han hecho daño.
Pero en lugar de intentar controlar o redimir una situación
dolorosa, puedes centrarte en gestionar tu reacción ante
ella.

Una de las mejores maneras de sanar de la ira consiste
en perdonar a las personas que te han hecho daño. El acto de
perdón te ofrece nuevas opciones para vivir tu vida de una
manera mucho más realista. Además, si no perdonas las viejas
heridas, permanecerán en lo más profundo de ti para siempre. ¿Es esto lo que quieres?

El perdón no tiene nada que ver con consentir o excusar
las ofensas que te hayan hecho. Significa dejar ir esas viejas
heridas para que puedas seguir adelante con tu vida. Y el perdón no tiene nada que ver con evaluar el grado de culpa de
otras personas o el mal relativo de sus intenciones. Eso es
porque el perdón no va para nada de otras personas.

Perdonas a los demás para tu propio beneficio, no para el
de ellos. Las personas que te hacen daño ni siquiera tienen
que saber que has perdonado su comportamiento hiriente.
Tu acto de perdón es entre tú y tú mismo; no es asunto de
nadie más. En el capítulo 4 veremos algunas formas de fomentar el perdón al no tomar como algo personal el comportamiento hiriente de los demás.

Fomentar el respeto a uno mismo

Cuando estás enfadado o te enfrentas al antagonismo de otra
persona, tu recurso más importante es el respeto a ti mismo.
Respetarte a ti mismo es saber que eres un ser humano que
vale la pena a pesar de tus errores. Puede que tengas culpa en

una situación, pero eres un ser humano. Los seres humanos no son perfectos, y nunca se debe esperar la perfección de un ser humano.

Puedes respetarte a ti mismo independientemente de lo que esté pasando en tu vida. Es así porque el respeto a uno mismo no depende de conseguir aquello que deseas –un ascenso en el trabajo, la pareja ideal, unos ingresos más altos– ni de tu capacidad para ser perfecto. Respetarte a ti mismo significa aceptar que eres digno de amor incondicional, sin importar lo que digan los demás.

Todos los hombres cometen errores. Los hombres que se respetan a sí mismos aprenden de los suyos. También deberías aprender de los tuyos, porque no puedes evitarlos. Puedes tomar precauciones razonables, pero más allá de este punto, tus esfuerzos por prevenir acaban resultando contraproducentes; no ejerces control sobre las cosas que aún no han pasado, y tratar de leer la mente de los demás para saber qué quieren de ti no te evitará decepcionarlos en ocasiones.

> Cuando le dices a alguien que lo sientes, no estás admitiendo la culpa, sino que estás expresando arrepentimiento de que no eres perfecto. La imperfección humana es lamentable, pero nunca estás siendo juzgado por el hecho de ser humano.

Escribir

Cuando pienso en el poder de la escritura, me acuerdo de un antiguo paciente. John había servido en Irak, y parecía como si también hubiera pasado tiempo con los ángeles del infierno.

> El proceso de descubrir recuerdos dolorosos es como pelar una cebolla: puede oler mal y hacerte llorar, pero es la forma que tienes para llegar a lo que te sana.

John no vino a mi consulta voluntariamente. Durante su vista por una infracción de conducción por conducir ebrio, se le ordenó asistir a terapia para la gestión de la ira después de que se opuso a algo que dijo el juez y cargó contra el estrado, rompiéndose de paso dos costillas.

En nuestra primera sesión, John culpó al juez tanto de su explosión de ira como de las costillas rotas, ya que lo había hecho enfurecer aún más cuando le ordenó que buscara tratamiento. Le sugerí a John que escribiera sobre cómo se sentía.

—De ninguna manera —espetó John—. No va a funcionar, y además no tengo tiempo.

—Bueno —le dije—, tienes una opción. Lo que has hecho hasta ahora para gestionar tu ira no te está funcionando, pero puedes seguir haciendo eso y esperar un resultado diferente. O bien puedes intentar escribir.

Le di un bloc de notas y agendé una cita para la semana siguiente.

Cuando John volvió a terapia, me entregó la libreta.

—Aquí la tiene, doctor.

Pasé las páginas. Todas estaban llenas de exabruptos aleatorios y de garabatos hechos por John. Con la cara seria, le pregunté cómo se había sentido escribiendo.

John acabó esbozando una sonrisa.

—Un poco mejor, en realidad —admitió—. No he estado tan tenso.

Le entregué otro bloc.

—Sigue escribiendo —dije.

LLEVAR UN DIARIO

Escribir sobre tus experiencias puede parecer contrario al sentido común; es posible que quieras olvidar la angustia y el dolor, pero llevar un diario puede ayudarte a liberar emociones dolorosas y ver las cosas de manera más objetiva, sin apego a los sentimientos del pasado. Escribir también te ayuda a tener una visión de cómo tus interpretaciones de los acontecimientos se ven afectadas por tus pensamientos de ira, y te da control sobre cómo y cuándo tus sentimientos afloran a la superficie, como inevitablemente lo harán. Cuando mantienes tus pensamientos abstractos encerrados en tu mente, no puedes valorar cuán bien reflejan tu vida real o te reflejan a ti mismo tal como realmente eres. Pero cuando tienes tus pensamientos delante de ti, negro sobre blanco, puedes comenzar a ordenarlos.

Para evaluar tus sentimientos de ira de manera práctica, comienza respondiendo a estas preguntas:

¿Qué situación estás describiendo?

_____
_____
_____
_____
_____
_____

¿Qué es lo peor de esta situación?

_____
_____
_____
_____
_____
_____

¿Cómo te sientes ante esta situación?

_____

_____

_____

_____

_____

_____

¿Cuándo más te has sentido así?

_____

_____

_____

_____

_____

_____

Después de responder las preguntas, vuelve a la primera y repite el proceso. Revisa las preguntas hasta que descubras algún recuerdo o alguna experiencia aparentemente no relacionados. El proceso de descubrir recuerdos dolorosos es como pelar una cebolla: puede oler mal y hacerte llorar, pero es la forma que tienes para llegar a lo que te sana.

También puedes escribir sobre la ira en forma de carta dirigida a la persona que te hizo daño o te ofendió. En ese momento, puede que tus sentimientos sobre la situación fueran inconscientes o inaceptables para ti. Pero cuando traes esos sentimientos a tu conciencia y los haces concretos, puedes avanzar mientras resuelves el conflicto entre tu mente consciente y racional, y tus reacciones emocionales conscientes o inconscientes.

Para aprovechar al máximo tu escritura, desarrolla algunos hábitos:

Reserva un momento habitual para escribir. Abrir el diario tan pronto como te levantes por la mañana va bien para recordar sueños, así como para planificar. En cambio, escribir en tu diario justo antes de irte a dormir es buena idea para revisar el día.

Asocia la escritura con un lugar concreto. Ese lugar puede ser tu escritorio, una silla cómoda o incluso un lugar público como un parque, un café o la zona reservada para comer en un centro comercial.

Utiliza objetos que aprecies, como tu bolígrafo favorito o un cuaderno especial. Puede que descubras que el simple hecho de agarrar tu bolígrafo o de abrir tu cuaderno hace que las ideas fluyan.

Cuando escribes lo que tienes en mente y en el corazón, afirmas no sólo tu capacidad para gestionar tu ira, sino también la validez de tus sentimientos. Confirmas tu sentido de identidad y das legitimidad a tu existencia como tú mismo –no como hijo, hermano, esposo, amigo o empleado– en el mundo real, en tiempo real, no en tus sueños, tu imaginación o tus fantasías. Tienes el control: actúas, no reaccionas.

A continuación, te muestro algunas preguntas más a las que puedes recurrir para hacer fluir tus pensamientos y recuerdos:

En la situación sobre la que estás escribiendo, ¿qué intentabas conseguir?

Si hubieras conseguido lo que querías, ¿cómo habría afectado eso tu vida a largo plazo?

_____

_____

_____

_____

_____

_____

_____

¿Cuál habría sido el resultado ideal de la situación?

_____

_____

_____

_____

_____

_____

¿Qué consejo le darías a alguien que se encontrara en la misma situación?

_____

_____

_____

_____

_____

_____

_____

¿Qué fue lo que más te hizo enfadar de la situación?

_____
_____
_____
_____
_____
_____
_____
_____

¿Con quién estabas más enfadado?

_____
_____
_____
_____
_____
_____
_____

¿Cómo más te sentiste?

_____
_____
_____
_____
_____
_____
_____

¿Cómo se desarrolló la situación?

_____

_____

_____

_____

_____

_____

¿Qué pasaba por tu mente mientras se desarrollaba la situación?

_____

_____

_____

_____

_____

_____

En ese momento, ¿qué estaba sucediendo en tu vida?

_____

_____

_____

_____

_____

_____

¿Cómo te sientes ahora con sólo pensar en la situación?

_____

_____

_____

_____

_____

_____

¿La situación te recuerda a alguien más aparte de las personas que estuvieron involucradas?

_____

_____

_____

_____

_____

_____

¿Qué aprendiste de la situación?

_____

_____

_____

_____

_____

_____

¿Qué te haría feliz?

_____

_____

_____

_____

_____

_____

_____

¿Qué consecuencias negativas podrían pasar si hicieras lo que te hizo feliz?

_____

_____

_____

_____

_____

_____

_____

¿Qué podría impedirte hacer lo que te haría feliz?

_____

_____

_____

_____

_____

_____

_____

¿Qué tiene que pasar antes de que puedas hacer lo que te haría feliz?

_____

_____

_____

_____

_____

_____

¿Cómo sería de diferente tu vida si hicieras lo que te haría feliz?

_____

_____

_____

_____

_____

_____

_____

_____

_____

_____

_____

_____

_____

4

No te lo tomes como algo personal

Un día, el burro de un granjero cayó en un viejo pozo seco. Durante horas, el animal rebuznó desconsoladamente mientras el granjero intentaba decidir qué hacer. Finalmente, el granjero concluyó que el burro era viejo y no valía la pena el esfuerzo de rescatarlo, además de que de todas formas tenía que tapar el pozo. Así pues, invitó a todos sus vecinos a que se acercaran, agarraran una pala y lo ayudaran a llenar el pozo con tierra.

Al principio, a medida que el pozo comenzaba a llenarse, el burro rebuznó aún más fuerte. Pero luego, para sorpresa de todo el mundo, se quedó en silencio.

La gente siguió arrojando tierra con la pala, y al cabo de un rato, el granjero miró dentro del pozo. Se quedó asombrado con lo que vio: con cada palada de tierra que caía sobre su lomo, el burro la sacudía, la pisoteaba y dejaba que la creciente altura del montón de tierra lo fuera subiendo hacia la parte superior del pozo.

Cuando finalmente el montón de tierra le permitió llegar a la entrada del pozo, el burro saltó el borde de piedra del pozo y se alejó trotando.

Si necesitas recordar cómo afrontar una situación cuando alguien te carga con sus problemas, piensa en ese paciente y astuto viejo burro.

Este capítulo trata sobre cómo nos tomamos las cosas de manera personal y luego hacemos frente a las consecuencias de esa perspectiva: ponernos a la defensiva o entrar en batallas acaloradas sobre qué es correcto y qué es incorrecto. Pero también trata sobre cómo desarrollar una piel más gruesa y aprender las habilidades de comunicación y estrategias que pueden conducirte más allá de ponerte a la defensiva y hacia lograr una postura de autocontrol, autoconfianza y respeto por uno mismo.

Tomarse las cosas de manera personal

Cuando te tomas el comportamiento provocador de ira de alguien de manera personal, te sientes ofendido y que te falta al respeto. Tu reacción a tus sentimientos incómodos es defenderte o someterte pasivamente a lo que la otra persona parece pensar de ti. De cualquier forma, ves el comportamiento de la otra persona como una amenaza literal, seria y personal para tu bienestar:

- En medio de la circulación, tu tensión arterial se dispara cuando te enfadas por la negligencia de otros conductores y por cómo su imprudencia está poniendo en riesgo tu persona.
- En la oficina, tomas las desavenencias de un colega contigo como una falta de respeto hacia tu persona o como una hostilidad.
- Al llegar a casa, tu novia pierde el control por alguna broma tonta que has hecho en una fiesta, y te sientes atacado y herido personalmente.

En realidad, sin embargo, los conductores imprudentes conducen de manera imprudente tanto si estás en la carretera como si no. Tus compañeros de oficina pueden estar en desacuerdo contigo por motivos propios que no tienen nada que ver contigo. Y tal vez tu novia esté enfadada porque la forma en que has contado ese chiste le ha traído a la memoria algún recuerdo doloroso que tú desconoces. En cada uno de los casos, lo que te estás tomando como algo personal, no es en absoluto nada personal.

Déjame ponerte otro tipo de ejemplo. Un paciente mío estaba profundamente enamorado de una mujer que no estaba emocionalmente preparada. Lo atraía hacia ella y luego hacía algo para alejarlo. (Esto es lo que comúnmente se llama *sabotear la relación*). Al principio, él se tomaba su comportamiento de manera personal porque se había comportado mal con ella algunas veces y se sentía culpable. Pero a medida que él y yo fuimos hablando y él revisaba su comportamiento pasado, fue expresando una profunda tristeza. Trabajó para perdonarse a sí mismo y se disculpó con la mujer a la que quería. Ella aceptó sus disculpas, pero pronto volvió a alejarlo. Finalmente, se dio cuenta de que ella tenía problemas importantes en lo que respecta a la intimidad emocional, y que su forma de alejarlo no era nada personal contra él. Había tenido una vida bastante dura, y la manera que tenía de protegerse cada vez que se sentía insegura con alguien era atacar o distanciarse. ¡Y su técnica de protección era muy efectiva!

NO SIEMPRE SE TRATA DE TI

¿En qué medida el hecho de tomarte las cosas de forma personal ha contribuido a aumentar tu ira?

Nunca podrás saber con certeza los verdaderos motivos por los cuales las personas con las que te has encontrado a lo largo de tu vida te han hecho daño o se han distanciado de ti. Tal vez sufrieran los efectos de abusos pasados, o quizá sus propios problemas personales influyeran en su decisión. Lo que sí puedes saber casi con certeza es que su comportamiento provocador no tenía nada que ver contigo, por lo que sería un error que te lo tomaras como algo personal.

Tomártelo como algo personal: un ejemplo clínico

Brian era un empleado en una compañía de tamaño mediano. Últimamente, su jefe, Lucas, le dirigía cada vez más quejas e insultos, y a Brian le resultaba difícil no tomarse el comportamiento de Lucas de manera personal. Cuando la situación empeoró, le dijeron a Brian que debía acudir a terapia si quería conservar su trabajo.

Terapeuta: ¿Por qué te tomas la crítica de Lucas como algo personal?

Brian: ¿Cómo *no* tomárselo como algo personal cuando alguien te dice que eres un mentiroso estúpido y perezoso que no está cumpliendo con su trabajo en la oficina?

Terapeuta: ¿Qué significa cuando te tomas algo de manera personal?

Brian: Significa que me siento insultado y ofendido.

Terapeuta: ¿Cómo se llama ese *sentimiento* cuando te insultan y te sientes ofendido?

Brian: Me siento inútil.

Terapeuta: ¿Me estás diciendo que las tonterías infantiles de Lucas de cuarto te están robando tu valor como persona?

Brian: Bueno, *era* personal. Me estaba mirando directamente. ¿De qué otra manera debería reaccionar?

Terapeuta: Ésa es la clave. No te enseñan a hacer frente a estas cosas en la escuela, ¿verdad?

Brian: He aprendido a ignorarlo.

Terapeuta: Ignorar un comentario estúpido es una cosa. Ignorar la pérdida de tu valor como persona es otra muy diferente.

Brian: Pero no es justo. Hago un buen trabajo.

Terapeuta: ¿Discutir los insultos de Lucas mejora las cosas?

Brian: No. Perdí la calma, me hicieron un informe y ahora desde el trabajo me envían aquí o me despedirán.

Terapeuta: Así pues, Lucas logró arrastrarte a su nivel infantil con sus tácticas de patio de escuela. Tu error fue tomarte en serio sus tonterías, algo que puedes dejar de hacer en cualquier momento si así lo decides. También puedes optar por ver sus insultos como un sinsentido absurdo y no tomártelos en serio. Si Lucas dice que el mundo es plano y que la hierba es rosa, ¿eso hace que sea cierto? En cierto modo, está demostrando que sus argumentos no tienen fundamento y que está bajando a este nivel de debate infantil porque se ha quedado sin munición. Cuando consiguió provocarte, sacó cierta ventaja. Te hizo sufrir y reaccionaste atacándolo. Ahora tiene una confirmación de lo poco profesional que puedes llegar a ser. Pero ahora sabes qué pretende. Así que la próxima vez que Lucas te provoque, puedes cambiar de estrategia. Puedes distanciarte y desconectarte emocionalmente de sus provocaciones. Puedes elegir no tomarte en serio sus falsas acusaciones, como si tuvieran sentido, y como si fueran una evaluación precisa de tu valía como persona.

Brian: Siempre puedo distanciarme.

Terapeuta: Sí. Eso se llama desconectar con los pies.

Brian: ¿Qué pasa si dice: «Brian, eres un idiota»?

Terapeuta: No tienes que demostrarle a él lo inteligente que eres. ¿Cómo es que él es el juez final sobre ti? Él también es humano, y tiene sus propios estándares y preferencias sobre cómo deben ser las cosas. No necesitas ser perfectamente inteligente. Eres lo suficientemente inteligente tal como eres. Tienes valor a pesar de tus errores.

Brian: ¿Qué pasa si dice algo que es cierto, como que realmente olvidé revisar el inventario antes de pedir una pieza?

Terapeuta: Sólo demuestra que eres un ser humano imperfecto. Es un error, no un fracaso. Puedes decirle: «Yo también me molesto cuando cometo errores». No es un crimen cometer un error, así que no se trata de asignar culpa, responsabilidad o reproche. Se trata de la imperfección humana. El problema no es que hayas cometido un error. El problema es cómo puedes solucionarlo.

Brian: ¿Y si dice algo malo sobre la empresa?

Terapeuta: Lucas conoce todos tus puntos débiles, ¿verdad? Sabe que eres un empleado leal y que puede provocarte criticando la empresa. Tampoco tienes que tomártelo como algo personal. Puedes recordarte a ti mismo que sus palabras son sólo humo y un espejo para reflejar su propio dolor. Recuerda que él tiene sus propias opiniones y preferencias, basadas en sus propias experiencias y expectativas. No son ni correctas ni incorrectas. Son sólo una cuestión de su propio gusto personal. Puedes recordarte a ti mismo que eres tú quien define quién eres, utilizando tu propio juicio, y que puedes validar tus esfuerzos aunque los resultados no sean perfectos. Y si quieres desarmar a Lucas haciendo algo inesperado, puedes darle la razón cuando te diga que has cometido un error. Puedes decirle: «Es horrible, ¿verdad?».

Brian: ¿No debería intentar evitar que vuelva a pasar?

Terapeuta: No hay manera de evitar que los seres humanos imperfectos sean imperfectos.

Brian: He hecho muchos favores a Lucas. No aprecia todas las cosas buenas que he hecho.

Terapeuta: No es justo. ¿También te lo tomas como algo personal?

Brian: Claro que sí.

Terapeuta: Así que estás enfadado con él por su falta de consideración. Es injusto cuando él no corresponde tu consideración hacia él. ¿Con quién más estás enfadado?

Brian: Conmigo mismo, por ser tan tonto. ¿Cómo puedo dejar de sentirme así?

Terapeuta: Dejando de definir tu autoestima en términos de conseguir la aprobación de los demás o ser apreciado por lo que haces. Independientemente de que Lucas te aprecie o no, eres un ser humano valioso, a pesar de tus fallos e imperfecciones. No tienes que demostrar nada. No necesitas una estrella dorada por cumplir las expectativas de otra persona. Está bien conseguir la aprobación de los demás, pero no es un requisito. Lucas no tiene el derecho de hacer la evaluación final de ti como ser humano. Tu rendimiento en el trabajo varía de una hora a otra y de un día a otro, y tomas las mejores decisiones que puedes con la información disponible en ese momento. Pero no te comportas de manera útil hacia los demás sólo para conseguir su aprobación. Lo haces porque valoras la generosidad y porque tu buen juicio te dice que es bueno ayudar. Es lamentable que no te estén apreciando, pero tú eres quien decide cuán bueno es lo suficientemente bueno. No has hecho nada malo.

Brian: No. No he hecho nada malo.

Terapeuta: No dependes de Lucas para validar tu valía como persona. Tienes el poder, ahora mismo, de validar tus propios esfuerzos, tu propio juicio y valor como ser humano.

Brian: Todavía me hace enfadar.

Terapeuta: Entonces puedes elegir decirle la verdad, como un adulto. Puedes decirle «Me enfada cuando me dices esto».

Brian: ¿Qué pasa si me dice que no le importa?

Terapeuta: Eso hace que te enfades aún más. Puedes decirle: «Sólo consigues empeorar las cosas. Estoy más enfadado ahora de lo que estaba antes».

Brian: ¿Qué pasa si dice que está enfadado conmigo?

Terapeuta: Puedes validar su ira, que es una emoción humana legítima. Puedes decirle: «No te culpo por estar enfadado. Yo también me enfado cuando las cosas no salen como quiero. Me sabe mal que estés enfadado, pero yo también estoy enfadado».

Brian: ¿Por qué debería decirle que lo siento? Yo no hice nada.

Terapeuta: No estás expresando culpa. La culpa implica que estás asumiendo la responsabilidad de un problema. Estás expresando arrepentimiento de que Lucas esté enfadado. El arrepentimiento es el deseo de que las cosas pudieran ser diferentes a como son. Puedes arrepentirte de que Lucas esté enfadado y en dolor sin asumir la responsabilidad de su ira. El enfado de Lucas es su problema, no el tuyo.

> El antagonismo de los demás no refleja tu valía como persona, y no necesitas defenderte.

Brian: Pero ¿y si dice que es mi culpa y que yo estaba equivocado?

Terapeuta: Odias estar equivocado, ¿verdad? Pero, una vez más, no se trata de lo correcto y lo incorrecto. La idea de que lo correcto y lo incorrecto son absolutos es algo que viene de la niñez. Ahora, como adulto, puedes vivir entre estos dos extremos. Tus imperfecciones humanas hacen que las personas a veces se enfaden, y pueden gestionar mal su ira. Es lamentable cuando pasa esto, y puedes expresar arrepentimiento por ello. Puedes reconocer el enfado de Lucas sin aprobarlo y estarás dando un ejemplo para que él lo vea y lo siga, si así quiere.

Brian: Lucas realmente sabe cómo tocarme los puntos sensibles, ¿verdad?

Terapeuta: Utiliza tus vulnerabilidades en tu contra. Pero cuanto más te des crédito por tus propios esfuerzos, menos dependerás de los demás para validación. Al reconocer tus éxitos por ti mismo, llegarás a respetarte como un ser humano valioso. Con el tiempo, desarrollarás una piel más gruesa y serás menos vulnerable a las provocaciones de Lucas.

Brian: ¿Por qué se comporta así?

Terapeuta: Porque no se respeta a sí mismo. Está tratando de aliviar el dolor de sus propias dudas construyéndose a sí mismo a tu costa.

Brian: Eso no funciona.

Terapeuta: ¡Por eso tiene que seguir haciéndolo! Si funcionara, podría parar.

Brian: ¿Cómo puedo hacer que deje de actuar así?

Terapeuta: ¿Ves cómo estás definiendo el problema en términos de cambiar a Lucas? No se trata de cómo hacer que él responda de manera diferente. Cómo se comporte Lucas es decisión de Lucas. Es más importante centrarte en lo que sí puedes controlar. Puedes elegir dejar de intentar que las cosas pasen o evitar que pasen. En cambio, puedes decidir vivir en el presente, centrándote en lo que es real y no en lo que podría ser. En lugar de tratar de cambiar a Lucas –algo que él no te ha pedido y que, de todos modos, no funcionaría–, puedes cambiarte a ti mismo. Ése es tu derecho y tu responsabilidad. Cuando cambias, las demás personas suelen percibirlo y comienzan a tratarte de manera diferente, como a un igual. En cuanto a Lucas, puedes desconectarte de su hostilidad y desprenderte emocionalmente de sus tonterías. Tus reacciones sólo están reforzando su comportamiento hostil. Cuando vea que sus provocaciones te importan un pepino, te dejará en paz.

Brian: Pero ¿qué hará entonces?

Terapeuta: Podría dejarte y encontrar a otra persona fácil de manipular. O podría comenzar a seguir tu ejemplo de respeto propio, sea consciente o no de que eso es lo que está haciendo. Incluso podría empezar a cooperar contigo.

Sé como un paquidermo

La palabra griega *pachydermos* proviene de *pachys* («grueso») y *derma* («piel»), por lo que un paquidermo es una criatura de piel gruesa. El elefante, el rinoceronte y el hipopótamo son todos paquidermos, y su piel gruesa les es muy útil. Los insectos los atacan, pero cuando se dan cuenta de que no pueden picar o conseguir lo que quieren, se desplazan a otro objetivo.

¿Qué pasa contigo? ¿Qué tan bien resistes las palabras hirientes de otras personas? Cuando los demás se comportan contigo de una manera dolorosa, ¿tomas su comportamiento como una indicación de tu valía? A continuación te comento algunas maneras de tomarte las cosas de una manera menos personal y desarrollar una piel más gruesa.

- ▶ **Ve el antagonismo de la otra persona por lo que realmente es: un acto infantil destinado a llamar la atención o a aliviar su propio dolor.** No tiene nada que ver contigo, así que no merece tu atención ni tus energías. ¿Vas a dejar que tu enfado controle tu respuesta ante la inmadurez de otra persona? ¿O utilizarás tu criterio para gestionar tu dolor y tu enfado de una manera adecuada?
- ▶ **No te defiendas de los insultos ni del comportamiento hiriente.** Quienes te atacan no están interesados en tu punto de vista, sino que están centrados en aliviar su propio dolor emocional a tu costa. El antagonismo de los demás no refleja tu valor como persona, y no necesitas defenderte.
- ▶ **No te preocupes por parecer o sonar tonto.** Si alguien te hace una pregunta y no sabes la respuesta, puedes decir: «Necesito pensarlo y te responderé después». Recuerda que eres un ser humano imperfecto, que tienes derecho a cometer errores y que también haces muchas cosas bien. Nunca serás superior ni inferior, sino igual.
- ▶ **Céntrate menos en ti mismo.** En vez de ello, céntrate en tus objetivos y en los pasos necesarios para alcanzarlos. En una interacción social, piensa en cómo hacer que la experiencia sea agradable y pregúntate qué puedes hacer para sentirte más cómodo.
- ▶ **Cuando alguien te ataque, reúne el valor necesario para arriesgarte a hacer algo nuevo.** Por ejemplo, simplemente puedes decir: «No sé qué intentas lograr con esto». No es un contraataque, es sólo la verdad. Y si después te sientes bien, saborea esa sensación: te la habrás ganado.

Como hemos visto en el ejemplo clínico del capítulo 3, Gabriel necesitaba aprender que cooperar con su esposa no significaba someterse a todos sus caprichos. En este caso, Brian se enfrentaba a un antagonismo constante por parte de su jefe, a pesar de que su comportamiento en el trabajo ya era cooperativo. A pesar del contraste en sus situaciones, ambos hombres estaban llegando a entender la misma verdad: que todos tenemos el poder de definirnos a nosotros mismos y de establecer nuestros propios estándares de éxito, en lugar de intentar vanamente vivir de acuerdo con los estándares de otra persona. (Trataremos más a fondo los estándares en el capítulo 5).

Ponerse a la defensiva

¿Alguna vez te has visto involucrado en una discusión como ésta entre Antoine y María?

María: Antoine, llegas tarde.
Antoine: No llego tarde. Me dijiste que viniera a las ocho.
María: No, no te lo dije. ¡Siempre te estás inventando cosas!
Antoine: No, no me lo invento. Y he llegado justo a la hora.
María: Antoine, ¿por qué no puedes admitir que estás equivocado?
Antoine: ¡No he hecho nada! Eres tú la mentirosa.
María: ¿Por qué te pones tan a la defensiva?
Antoine: ¡No me estoy poniendo a la defensiva!
María: ¡Sí lo estás! Estás a la defensiva ahora.
Antoine: No, no me pongo a la defensiva.

Esto es lo que le está pasando a Antoine:

- Se ha tomado el comentario de María sobre su tardanza como un ataque personal.
- Interpreta la discusión no sólo como una cuestión sobre la hora a la que debía llegar, sino también como una acu-

sación que pone en duda su inocencia y, por lo tanto, su integridad y su valor personal.

- Cree que si no se defiende para proteger su integridad y valor, estará aceptando no sólo la responsabilidad por el enfado de María, sino también la culpa y la responsabilidad por haber llegado tarde.

Tal vez Antoine llegara tarde, o tal vez no. No importa. El verdadero problema aquí es su enfado con María por haber sido acusado injustamente de su tardanza. Mientras Antoine siga considerando la acusación de María como un ataque personal, no podrá responder de otra manera que no sea a la defensiva, y su conflicto seguirá escalando.

A menudo, cuando te pones a la defensiva en una discusión, es porque crees que debes «hacer lo correcto» corrigiendo a la otra persona y aclarando sus percepciones erróneas sobre ti. Pero lo que no ves es que corregir a la otra persona no es tu trabajo, y tus argumentos defensivos no lograrán hacerlo. Por el contrario, lo que realmente hacen tus respuestas defensivas es levantar un muro protector alrededor del corazón para bloquear tu dolor emocional.

¿Quién tiene razón? ¿Quién está equivocado?

Como acabamos de ver, cuando te tomas las cosas de manera personal, puedes terminar suplicando para defenderte de las falsas acusaciones de alguien. Pero tu error es tomar estas acusaciones de manera literal, personal y seria. Cuando lo haces, efectivamente eliges presentarte ante un tribunal imaginario con un juez y un jurado de sólo un miembro. Cuando te encuentras ante este tribunal, te ves obligado a ofrecer pruebas de tu inocencia: «¿Qué quieres decir con que nunca escucho? Me dijiste que llamara al fontanero, y lo hice. ¡Aquí! ¡Mira la factura del teléfono!». Incluso puedes llamar a un testigo experto al estrado: «¡Yo no siempre te culpo! Pregunta a mi hermano; él te lo dirá». Pero estas maniobras en la sala del tribunal rara vez logran que la otra persona cambie de opinión, porque tus súplicas son en vano. Fallaste a la hora de presentar tu caso, y este fracaso sólo agrava tu dolor y aumenta la mala comunicación mientras respondes con acusaciones enojadas propias.

O considera la palabra «deberías», como cuando alguien te dice: «Deberías haberlo hecho de esta manera». Esta palabra implica que la otra persona sabe más, y tal vez, de hecho, sepa más. Pero cuando tomas la palabra «deberías» como una acusación de que eres culpable de estar equivocado y necesitas ser castigado, terminas otra vez en ese tribunal imaginario con todas tus razones, tus hechos y tus defensas. Cuando te tomas la palabra «deberías» como una indicación de tu incompetencia y de tu ineptitud personal, juegas tu parte en convertir un desacuerdo entre iguales en una pelea sobre dominancia y sumisión, mientras pierdes de vista cualquier pregunta, excepto *¿quién tiene razón?* y *¿quién está equivocado?*

En vez de ello, intenta escuchar la palabra «deberías» simplemente como la expresión de la preferencia de la otra persona por una manera particular para hacer algo. Él o ella tiene derecho a tener preferencias, al igual que tú. No eres culpable por no compartir las preferencias de otra persona, y no necesitas defenderte. Y si resulta que la preferencia de la otra persona realmente refleja mayor experiencia y capacidad, entonces puedes tomar una decisión clara sobre si adoptarás esa preferencia, ya que ambos estaréis hablando sobre experiencias y opiniones personales, no sobre cuestiones objetivas de qué está bien o qué está mal.

Errores comunes en la comunicación

Una comunicación saludable sobre un tema difícil no tiene por qué terminar en acuerdo. De hecho, uno de los beneficios de conversar habitualmente con alguien que no está de acuerdo contigo es descubrir que el desacuerdo puede ser estimulante para ambos. Pero es esencial la apertura mental. Ambos debéis estar dispuestos a escuchar lo que el otro está diciendo.

Cuando te encuentras en plena conversación con alguien sobre un tema delicado y potencialmente conflictivo, ¿cometes alguno de los siguientes errores comunes?

- **Hablar demasiado.** Cuando necesitas hablar con alguien sobre un problema personal difícil que os incumbe a los dos, es posible que comiences dando rodeos al tema, siendo poco concreto, tratando de ser cortés y esperando que tu interlocutor capte de alguna manera tus ideas. También existe el riesgo de que, al hablar sin parar, digas algo ante lo que la otra persona reaccione a la defensiva. Pero cuantas menos palabras emplees para iniciar la conversación y explicar el problema tal y como lo ves, mejor será para ambos.
- **Asumir que tienes todos los hechos.** Cuando sientes algo con fuerza, por lo general estás convencido de que tienes toda la información y sabes exactamente cómo son las cosas. También estás bastante seguro de quién tiene razón (tú) y quién está equivocado (la otra persona), por lo que entras en la conversación principalmente para que el otro acepte tu punto de vista. Entonces, cuanto más se resista la otra persona (quizás en un intento de ofrecer su propia perspectiva), más insistes en imponer tu postura. Pero rara vez, si es que alguna vez, tienes

toda la información, y no siempre puedes tener razón. Entra en la conversación con la disposición de escuchar y considerar el punto de vista del otro. Y demuestra que lo escuchas asintiendo con la cabeza, diciendo «Entiendo» y reformulando los puntos clave de la otra persona («Entonces, lo que estás diciendo es...»). El propósito de repetir lo que la otra persona ha dicho con tus propias palabras no es actuar como un loro, sino fomentar la comunicación y el diálogo, además de ayudarte a recordar lo que la otra persona ha dicho.

- **No ver tu propio papel en el problema.** Es tentador pensar que todos los problemas son culpa de otra persona. Pero si estás involucrado en la situación, de alguna manera eres parte del problema y debes tener presente que tu papel es al menos tan relevante como el de la otra persona.

- **Pasar directamente a la acción.** Cuando un problema es complicado, es tentador ofrecer una solución inmediata para terminar rápidamente la conversación. Pero tómate el tiempo necesario. Necesitas escuchar la versión de la otra persona, y ella necesita saber que sus opiniones y sus sentimientos han sido tenidos en cuenta. Si impones demasiado pronto tu propia solución, es probable que la otra persona no se comprometa con ella y el resultado reflejará esa falta de compromiso. Pensarás que has resuelto el problema, sólo para darte cuenta de que no ha cambiado nada y que pronto volverás a estar en el punto de partida.

- **No entender la importancia de cómo te comunicas.** La emoción que transmites con tu voz tendrá un impacto mayor y será recordada durante más tiempo que las palabras que realmente dices. Si gritas, puedes pensar que estás obligando a la otra persona a que te escuche, pero lo más probable es que sólo esté esperando a que hagas una pausa para contraatacar y defenderse de tu ataque verbal. Subir el tono de voz genera estrés y tensión, lo que provoca ira. Cuanto más fuerte hables, mayor será la intensidad de la ira y el riesgo de que la situación pase a las manos. Asegúrate de modular tu voz para que el volumen y el tono no transmitan un mensaje de agresión o de dominio.

- **No ser consciente del espacio personal.** Puedes hacer que la otra persona se sienta incómoda si te acercas demasiado a ella. Pero si te sitúas demasiado lejos, puedes parecer frío y distante. Fíjate en los movimientos de la otra persona, tanto cuando se acerca como cuando se aleja, para encontrar la distancia adecuada. Si notas que estás demasiado cerca, sepárate un poco.

- **No comprender tu propósito en la comunicación.** Pregúntate qué esperas conseguir al hablar con alguien sobre un problema difícil entre vosotros. ¿Ves la conversación como una oportunidad para ganar una discusión? ¿O se trata de encontrar una solución y fomentar una mayor comprensión? Si tu único objetivo es demostrar algo, vengarte o hacerte ver bien, entonces eso no es comunicación, sino una exhibición de superioridad.

ACTITUD DEFENSIVA Y BUENAS INTENCIONES

¿Cómo ha contribuido la actitud defensiva a tu ira?

_____

_____

_____

_____

_____

_____

_____

_____

_____

_____

_____

¿En qué momentos has creído que era tu responsabilidad discutir contra la percepción equivocada que alguien tenía de ti?

_____

_____

_____

_____

_____

_____

_____

_____

_____

_____

_____

Superar la actitud defensiva

Puedes tomar medidas concretas para reducir tu actitud defensiva frente a las críticas o los ataques de los demás. Por ejemplo, puedes aprender a hablar sobre tus sentimientos en lugar de discutir los «hechos» de tu «caso». También puedes elegir no antagonizar con la otra persona. De manera activa, puedes tomar el control de las decisiones que tienes en la vida real en el presente y aprender a desapegarte emocionalmente de una situación que te provoca ira. Además, cuando dices o haces algo inesperado en respuesta a las críticas o los comportamientos hirientes de alguien, o cuando respondes de una manera que valida la realidad emocional de la otra persona, puedes desarmar a esa persona que te critica o te ataca a la vez que te proteges de manera no defensiva.

No discutas tu caso

Déjame explicarte algo sobre el Sr. y la Sra. R, una pareja que visité no hace mucho en mi consulta. Cuando llegaron, describieron una discusión que tuvieron el viernes anterior. Comenzaron el día en la cama, acurrucándose y abrazándose de manera cariñosa. Pero luego el Sr. R sintió que su esposa se resistía. Él le habló mal y ella se puso a la defensiva. El Sr. R soltó un enorme suspiro y se levantó de la cama. Desayunaron en silencio. Cuando el Sr. R llegó a casa del trabajo esa noche, la Sra. R estaba en la cocina.

Sr. R: ¿Qué hay para cenar?
Sra. R: Pastel de carne.
Sr. R: ¿Pastel de carne? ¿Otra vez? Comemos pastel de carne todos los viernes.

Sra. R: A ti te gusta el pastel de carne. Nunca has pedido algo diferente los viernes.

Sr. R: Sería agradable, sólo una vez, comer algo diferente, como un filete de salmón.

Sra. R: No me gusta el salmón. Ya lo sabes.

Sr. R: Pero a mí me gusta el salmón. Y quizás te guste más de lo que crees, si alguna vez lo pruebas.

Mientras el Sr. y la Sra. R relataban esta conversación, me expresaron que había sido especialmente intensa. No entendían por qué se habían alterado tanto, y ninguno de los dos sabía por qué el otro había hecho tanto escándalo por algo tan trivial como el pastel de carne o el salmón. Les expliqué que su desacuerdo explícito había sido sobre el pastel de carne y la rutina de la cena, pero su verdadera discusión tenía que ver con sus sentimientos, y estaba relacionada con la tensión emocional no resuelta de esa mañana. Es importante entender que ignorar o esconder los sentimientos crea tensión en las relaciones.

Céntrate en los sentimientos, no en los hechos

Hablar sobre tus emociones de manera simple y clara puede hacer que te sientas vulnerable, pero es una de las habilidades más importantes que puedes desarrollar cuando aprendes a gestionar la ira. A continuación, te menciono algunas estrategias ineficaces que podrías estar utilizando cuando aparece un desacuerdo entre tú y otra persona:

- **Manifestar tu inocencia.** «¡Pero yo no lo he hecho, te lo juro por Dios!»
- **Dar órdenes.** «Contrólate. Aléjate. Déjame en paz».
- **Asumir demasiada responsabilidad por los demás.** «Déjamelo a mí. Lo estás haciendo mal».

- **Predecir el futuro.** «Si no paras ahora, aparecerán problemas».
- **Apelar a la lógica.** «Sé razonable. ¡Emplea la cabeza!».
- **Intentar forzar un acuerdo.** «Estás equivocado. Eso es totalmente falso».
- **Negar la legitimidad de los sentimientos de la otra persona.** «No tienes derecho a estar enfadado conmigo después de todo lo que he hecho por ti».
- **Recurrir al sarcasmo o a la burla.** «¡Vaya! Estás muy guapo con la cara toda roja».

¿Cómo ha contribuido a tu ira el hecho de manifestar tu inocencia?

¿Cómo ha contribuido a tu ira el hecho de dar órdenes?

¿Cómo ha contribuido a tu ira asumir demasiada
responsabilidad por los demás?

_____

_____

_____

_____

_____

_____

_____

¿Cómo ha contribuido a tu ira predecir el futuro?

_____

_____

_____

_____

_____

_____

¿Cómo ha contribuido a tu ira apelar a la lógica?

_____

_____

_____

_____

_____

_____

¿Cómo ha contribuido a tu ira intentar forzar un acuerdo?

_____
_____
_____
_____
_____
_____
_____

¿Cómo ha contribuido a tu ira negar la legitimidad
de los sentimientos de la otra persona?

_____
_____
_____
_____
_____
_____
_____

¿Cómo ha contribuido a tu ira recurrir al sarcasmo
o al ridículo?

_____
_____
_____
_____
_____
_____
_____

Evita el antagonismo

Hemos hablado del antagonismo como un comportamiento crítico, acusador o intimidante diseñado para atraer atención y aliviar el dolor emocional de quien lo ejerce. Cuando estás enfadado, tus procesos de pensamiento lógico se ven arrastrados por una ola de emoción y de ponerse a la defensiva. Eres vulnerable al comportamiento antagónico de los demás y es probable que respondas de la misma manera, o con mayor intensidad si cabe. Sin embargo, involucrarte en este tira y afloja sólo saboteará tu felicidad. Si la otra persona no puede comportarse como un adulto, entonces te tocará a ti ser el adulto en la conversación.

Pero antes de poder responder eficazmente a la ira de otra persona, debes ser capaz de identificar y aliviar la tuya. Tienes que ofrecerte primeros auxilios emocionales. Debes detener tu propia hemorragia antes siquiera de poder pensar con claridad. Los hombres no siempre están acostumbrados a ponerse a sí mismos en primer lugar en sus propias vidas, pero en condiciones de conflicto, es completamente apropiado hacerlo. Eso no es ser egoísta; ser egoísta significa preocuparse sólo por uno mismo y que los demás se las arreglen como puedan. Ofrecerte primeros auxilios emocionales significa cuidarte a ti mismo para poder estar presente para los demás como un buen esposo, padre, hijo, hermano, amigo o empleado.

Si puedes gestionar la ira, podrás comportarte como un adulto que se respeta a sí mismo, independientemente de lo mal que otros gestionen la suya. Pero si no puedes controlar tu ira, estarás predispuesto a que te provoquen una y otra vez.

SER EL ADULTO EN LA HABITACIÓN

¿Cómo ha contribuido a tu ira la hostilidad de los demás?

_____

_____

_____

_____

_____

_____

_____

_____

_____

_____

¿Hubo alguna vez un momento en que conseguiste evitar ser
arrastrado a un tira y afloja con un antagonista? ¿Cómo lo hiciste?

_____

_____

_____

_____

_____

_____

_____

_____

_____

_____

Toma el control de tus elecciones

El antídoto para sentirte a la defensiva es entender que tienes el control de tus elecciones en el presente. Para tomar el control positivo de estas elecciones, debes hacer un esfuerzo activo. Por ejemplo, la próxima vez que estés enfadado, recuérdate a ti mismo que ahora tienes opciones de las que no gozabas cuando eras niño. Entonces, buscabas tener el control de la manera equivocada: perdiendo los estribos o reprimiendo tu ira. Pero ahora, como adulto, puedes elegir expresar la ira explicando sencilla y claramente cómo te sientes, en lugar de discutir, gritar o ponerte a la defensiva. Puedes responder desde un lugar de respeto hacia ti mismo, en lugar de reaccionar desde un lugar de furia y de actitud defensiva.

> Cuando alguien te hace daño, siempre tienes opciones sobre cómo responder. Puede que creas que no las tienes, pero la realidad es que sencillamente no te gustan tus opciones.

Aprende a desapegarte

Cuando separas a las demás personas de su comportamiento, estás practicando el desapego. Aprender a disociarte emocionalmente de una situación a menudo comienza con aprender a tomarte unos instantes antes de reaccionar ante las provocaciones de otra persona. Durante ese momento, puedes preguntarte si el comportamiento provocador está dirigido hacia ti, o si podría venir del miedo, la ira o el dolor de la otra persona. Si puedes hacer este tipo de distinción, podrás crear más distancia emocional entre ti y el comportamiento de los demás. Pero es importante recordar que practicar el desapego no es lo mismo que levantar un muro. Tu objetivo es sanarte a ti mismo y sanar tus relaciones con los demás seres humanos, no distanciarte fríamente de los demás, y mucho menos poner barreras entre tú y las personas que más te importan.

> **Cuando alguien te provoque ira con sus palabras o su comportamiento, apártate de la misma manera que lo harías si la persona estuviera tosiendo o estornudando.**

Haz lo inesperado

Recuerda siempre que los antagonistas buscan atención e intentan, a su manera disfuncional, sanar su propio dolor. Ese recordatorio, a su vez, te puede ayudar a no tomarte su comportamiento hiriente como algo personal y a no tomarte sus palabras al pie de la letra. Dado que un antagonista en realidad no está interesado en lo que sientes o piensas, siempre tienes la opción de mantener tus pensamientos y tus sentimientos para ti mismo. Pero elegir no pasar a la defensiva ni devolver el antagonismo de alguien no significa permitir por pasividad que te pisoteen. En vez de ello, puedes responder con una afirmación que sea verdadera pero neutral:

- **«Parece que soy difícil de tratar».** No estás de acuerdo con los llamados hechos de la situación. Estás reconociendo la realidad de cómo aparentemente se siente la otra persona.

ELECCIONES Y CONTROL

¿Cómo ha contribuido a tu ira la sensación de estar fuera de control?

- **«Debe enfadarte cuando pasa esto. No te culpo. Si fuera tú, yo también estaría enfadado».** Es una validación apropiada de la ira de la otra persona y de su valía como ser humano, así como de la tuya propia. También le ofrece a la otra persona una palabra, «enfadado», para describir lo que está sintiendo. Y esto puede ser muy útil, porque a muchas personas les han enseñado que está bien estar «molesto», pero nunca estar enfadado.
- **«Me sabe mal que estés tan enfadado».** Esto no es una aceptación de que te merecías la explosión de ira de la otra persona, sino una expresión de remordimiento apropiado por el dolor emocional que la otra persona está sintiendo.
- **«Me molesta que explotes en mi cara sólo porque te diga cómo me siento».** Es sólo la verdad sobre tu respuesta al comportamiento de la otra persona. No estás diciendo que la otra persona esté equivocada, ni en lo cierto. Y no te estás defendiendo. Simplemente estás explicando qué te está pasando.

Estas afirmaciones no son defensas. No son contraataques. Te ponen a ti al mando porque eres tú quien elige crear un ambiente en el que sea posible la cooperación, y éste es el primer paso para resolver aquello que realmente sea el problema.

Aquí tienes algunas declaraciones neutrales que puedes utilizar para desarmar a una persona crítica o que te esté atacando, evitar discutir sobre las preferencias o estándares de los demás y mantener a raya tu propia actitud defensiva:

- «Tienes un problema de verdad. No sé qué decirte».
- «Es terrible, ¿verdad?».
- «No sé cómo lo soportas».

- «Nunca lo había visto así».
- «Puede que tengas razón».
- «Sería genial, ¿no?».
- «A veces parece así, ¿verdad?».
- «Sé que lo dices con buena intención y quieres lo mejor para mí, pero prefiero hacerlo de esta manera».
- «Gracias por hacérmelo saber».
- «Seguro que se te ocurrirá algo».
- «Me doy cuenta de que estás enfadado: estás gritando».
- «Es una teoría, ¿verdad?».
- «Oigo lo que me estás diciendo. Lo aprecio y voy a estar bien».
- «Estoy totalmente de acuerdo, sólo que no estoy seguro de que esto ayude».

Frases como estas ni siquiera han de tener mucho sentido. Las utilizas para marcar límites, tanto ante el comportamiento de los demás como en tu propia actitud defensiva. Pero aquí está la clave: *nunca hagas este tipo de afirmaciones de manera provocadora o antagonista*. Habla despacio, con dulzura y de manera deliberada y clara, y mantén un tono neutral.

5

Asume la responsabilidad de tu ira

Para vivir una vida sana y feliz, es fundamental aprender a gestionar la ira. Este capítulo explora las consecuencias negativas de centrarse demasiado en los demás y depender de su aprobación para sentirse bien con uno mismo. También analiza el crecimiento y el poder que surgen al centrarse en uno mismo y en la propia felicidad, al reconocer y expresar lo que se desea y al establecer estándares propios de autoestima.

Asumir la responsabilidad de los demás

La mayoría de los hombres son responsables de sí mismos. Pagan sus facturas, van a trabajar y se cepillan los dientes.

Pero algunos van un paso más allá y también asumen la responsabilidad por la felicidad y el bienestar de los demás. Ya sea resolviendo los problemas de los demás, animándolos, tranquilizándolos, mediando en disputas, haciendo que vean el error de sus acciones, curando a los enfermos o incluso «resucitando a los muertos», estos hombres están convencidos de que todo depende de ellos.

Sin embargo, los demás no siempre están interesados en que les solucionen sus problemas, en que los animen o los tranquilicen, ni en abrir sus vidas a las intervenciones de estos hombres excesivamente responsables. Entonces, ellos se dicen a sí mismos que nadie aprecia su esfuerzo y sacrificio, y eso hace que se enfaden. Se sienten fracasados por no conseguir complacer a quienes quieren ayudar, y eso también hace que se enfaden.

Es una reacción comprensible en hombres que cargan con la pesada obligación del «tengo que». «Tienen que» ayudar a los demás a superar la adversidad. De hecho, sienten que realmente «tienen que» prevenir la adversidad para que nunca ocurra nada malo, ni a ellos ni a nadie más. Por supuesto, «tienen que» asegurarse de que todos los que los rodean estén bien informados de cada posible contingencia, ya que la desgracia no puede evitarse si no todos reman en la misma dirección... que, casualmente, es la que ellos consideran correcta. Así pues, ¿quién podría culparlos por sentir resentimiento ante la injusticia de todo esto? Después de todo lo que han intentado hacer por los demás, finalmente deciden que han tenido suficiente de la irresponsabilidad y la ingratitud ajena.

Algunos de estos hombres caen en el ciclo de responsabilidad excesiva que conduce al resentimiento y la ira porque no sólo cargan con la obligación del «tengo que», sino también con una pesada culpa del pasado, y quieren evitar el dolor de asumir aún más. También se sienten obligados a demostrar su inocencia en cualquier circunstancia y a escapar de posibles castigos mediante explicaciones extensas y detalladas sobre su conducta y sus intenciones. Otros, dentro de este mismo grupo de hombres excesivamente responsables, intentan evitar desagradar a las personas de quienes dependen para conseguir aprobación y validación como seres humanos. En ambos casos, lo que creen que es un enfoque positivo y desinteresado en el bienestar ajeno, en realidad resulta ser una estrategia egocéntrica y negativa para mantener ocultas sus propias imperfecciones y evitar ser castigados por lo que invariablemente es un sentimiento de culpa mal entendido.

¿Conoces a algún hombre así? ¿Es posible que tú seas uno de ellos?

- Cuando te enfrentas a pruebas de que no eres perfecto, ¿te vuelves irritable, hipersensible, crítico o discutidor, te pones a la defensiva o te conviertes en una persona tímida? ¿Recurres al silencio como forma de castigo?
- ¿Crees que las personas perfectas nunca pierden el control?
- ¿Crees que las personas perfectas lo saben todo, pueden predecir el futuro con precisión y nunca permiten que pasen cosas malas?
- ¿Crees que las personas perfectas nunca decepcionan a los demás porque pueden leer sus mentes?
- ¿Crees que las personas perfectas nunca se enfadan?

Si es así, seguirás atrapado en el carrusel de la responsabilidad excesiva, el resentimiento y la ira hasta que decidas examinar tu forma de pensar, soltar la carga del «tengo que» y la culpa imaginaria, y asumir el peso de la verdadera responsabilidad, la de ti mismo y la de tus propios estándares. Puedes intentar vivir la vida de los demás y resolver sus problemas. Incluso puedes elaborar planes y soluciones que, en teoría, deberían encajar a la perfección en sus vidas. Sin embargo, en la realidad, tus planes y tus soluciones no les funcionarán, porque en realidad no sabes qué es lo mejor para los demás. No sabes cómo vivir sus vidas ni cómo solucionar sus problemas... ya tienes bastante con los tuyos.

> No sabes cómo vivir sus vidas ni cómo solucionar sus problemas... ya tienes bastante con los tuyos.

¿HARTO DEL «TENGO QUE»?

¿Qué cargas incluye tu «tengo que»?

_____
_____
_____
_____
_____
_____
_____
_____
_____
_____

¿Cuándo has intentado evitar que pasen cosas malas?

_____
_____
_____
_____
_____
_____
_____
_____
_____
_____
_____
_____

¿Cuándo te has sentido culpable o incomprendido?

_____
_____
_____
_____
_____
_____
_____
_____
_____
_____
_____
_____
_____

¿Cuándo has hecho sacrificios buscando la aprobación de los demás?

_____
_____
_____
_____
_____
_____
_____
_____
_____
_____
_____
_____

¡No es justo!

¿Cuántos hombres sufren en silencio por la sensación de que la vida y el mundo son injustos? Es un pensamiento que surge cuando se ven obligados a soportar comportamientos groseros en público, cuando un familiar responde con sarcasmo a una oferta de ayuda sincera o cuando un compañero de trabajo, que no se lo merece, es ascendido a un puesto ejecutivo.

La percepción de lo que es justo e injusto es una de las herencias más comunes de la infancia, esa etapa en la que aprendimos a compartir, a esperar nuestro turno y a seguir las reglas. Ahora, en la edad adulta, te resulta perfectamente evidente que algunas personas tienen muchas más ventajas y privilegios que otras, y que las reglas no se aplican de la misma manera a todo el mundo.

Centrarse en lo que es justo o injusto significa enfocarse en cómo deberían ser las cosas en lugar de aceptar cómo son en realidad. Todos podemos estar de acuerdo en que el mundo debería ser justo, pero no siempre coincidiremos en lo que significa justicia en una situación específica. Si tienes problemas con la ira, es posible que asocies la justicia con salirte con la tuya en un conflicto. Cuando no pasa esto, puedes enfadarte al percibir el resultado como injusto. También puedes sentir que es tu responsabilidad hacer que los demás comprendan esa injusticia, ya que el desenlace no cumple con tu estándar de equidad. En consecuencia, podrías decidir que debes corregir a los demás, imponiendo tu criterio. Cuando los demás ignoran tus estándares y no reaccionan como esperas, puedes sentirte estafado, lo que constituye el núcleo de la experiencia de injusticia. Entonces desatas tu ira e intentas forzar un cambio. Incluso podrías sentir la necesidad de utilizar «armas»: las verbales, como gritos y amenazas, o las físicas, como los puños o un arma real. Las circunstancias que desencadenan esta sensación de injusticia suelen no ser de gran trascendencia, pero el sentimiento de inequidad es tan profundo que puede desembocar en consecuencias serias.

Si crees que alguien que te trata injustamente está cuestionando tu valor como ser humano, puedes desafiar esa creencia. Esto indica que sigues dependiendo de la aprobación y la aceptación de los demás para sentirte bien contigo mismo. Sin embargo, los demás no tienen un conocimiento superior sobre ti ni sobre tu valía. En realidad, no saben qué es lo mejor para ti. Sus opiniones reflejan sus propias preferencias, no una medida objetiva de tu valía. En lugar de obsesionarte con cómo agradar a los demás, puedes elegir abordar el problema de raíz: la idea errónea de que debes convertirte en una mejor persona a los ojos de los demás, alguien aún más responsable de su felicidad y bienestar que de los tuyos propios, antes de considerarte digno.

¿Qué significa para ti el concepto de justicia?

_____

_____

_____

_____

¿Cuándo te has sentido enfadado por algo que consideraste injusto?

_____

_____

_____

_____

Elige tu propia felicidad

Si no eliges tu propia felicidad, ¿quién lo hará? Lamentablemente, muchos hombres no están acostumbrados a hacerlo. No confían en su propio juicio y, por ello, sienten la necesidad de depender del supuesto criterio superior de los demás. Sin embargo, tomar decisiones deliberadas en tu propio beneficio es un acto de control.

¿Por qué no atreverte a hacer algo que normalmente rechazarías por miedo a lo que los demás puedan pensar? Puedes decidir que tienes el mismo derecho que cualquier otra persona a hacerlo. Puedes darte cuenta de que estás a punto de descartarlo por considerarlo estúpido, inútil o frívolo. También puedes darte cuenta de que estás a punto de rechazar una oportunidad sólo porque temes no hacerlo a la perfección. Puedes recordarte a ti mismo que no necesitas ser perfecto.

No permitas que los obstáculos, los problemas, las críticas, las expectativas o los fracasos del pasado te impidan tomar la decisión de cambiar para mejor.

Mejora por ti, no por los demás

Un hombre excesivamente responsable puede actuar como si creyera que está bien tal y como es, y puede proteger su fachada de perfección creada por él mismo negando cualquier evidencia de lo contrario: no comete errores, lo sabe todo, no es débil, nunca se equivoca... Además, está exento de culpa, de error y de reproche. Este hombre quiere lo que quiere cuando lo quiere, y no duda en exigir que los demás se sometan a sus deseos, especialmente cuando es «por su propio bien». Y cuando no consigue lo que quiere, es porque los demás no están cumpliendo con su parte. Le corresponde a él corregirlos, y recurrirá a todos los trucos manipulativos posibles para conseguirlo:

- Culpabilizaciones («Después de todo lo que he hecho por ti...») cuando siente que los demás no valoran la cantidad de responsabilidad que él asume para la felicidad de ellos.
- Apelaciones al «principio de las cosas», aunque no pueda explicar qué principio es ese.
- Apelaciones a la justicia, definida como conseguir lo que él quiere.
- Amenazas e intimidaciones («Te arrepentirás...») para asegurarse de que consigue lo que quiere ahora, y lo consiga también la próxima vez.

Pero estas actitudes son poderosas defensas contra la dolorosa verdad de que todas las personas, él incluido, son únicas e imperfectas. Sus defensas le permiten mantener una fachada de superioridad. Sin embargo, un hombre que asume demasiada responsabilidad por los demás en realidad se siente inferior, incompetente, inútil y culpable. Esto hace que se enfade, por lo que alivia su ira tratando de convertir a las personas inferiores, incompetentes e ingratas en personas que ya no lo decepcionen.

Por otro lado, otro hombre puede intentar aliviar sus dolorosos sentimientos de incompetencia e inferioridad intensificando su cruzada por cumplir con los estándares de los demás. Pero es una lucha. Cuando trata de motivarse a cambiar comparándose con amigos y familiares que han tenido más éxito, las comparaciones sólo confirman su diálogo interno negativo. Y cuando trata de motivarse a través de la autocrítica por los errores cometidos al intentar complacer a los demás, nuevamente confirma los dolorosos sentimientos de inferioridad, incompetencia y falta de valía.

Si crees que los demás no pueden apañárselas sin tu ayuda y tus estándares, verás a los demás como no merecedores de respeto hasta que consigan algún grado inalcanzable de perfección. Y si crees que tienes la responsabilidad de mantener los estándares de las personas a las que intentas complacer, te verás a ti mismo como poco merecedor de respeto hasta que hayas alcanzado algún grado inalcanzable de perfección. Sea como sea, estarás ocultando tus dudas internas tras una fachada de ira que probablemente se exprese de manera inapropiada.

> La mayoría de los hombres nunca cuestionan las creencias profundas que se formaron cuando eran niños. Esas creencias ni siquiera son racionales, y no son accesibles a la mente consciente. Acechan en la psique de un hombre, esperando el momento adecuado para activarse y desmoralizarlo.

¿Cuán bueno es suficientemente bueno?

No hay nada de malo en tratar de mejorar. Todos queremos ser mejores de lo que somos: más inteligentes, más felices, más ingeniosos, más populares, más amables, más exitosos, más ricos e incluso más delgados. ¿Por qué conformarse con ser menos de lo que podrías ser?

Pero aquí está la trampa. Cuando dices «La vida será mejor si...» o «Tendré más éxito cuando...», insinúas que no eres tu mejor versión en este momento. Y si crees que siempre debes ser mejor de lo que eres, puede resultar difícil encontrar la motivación para mejorar, ya que no logras encontrar el punto intermedio entre ser perfecto y sentirte inútil. Después de todo, no puedes correr una carrera con éxito cuando la línea de llegada sigue alejándose cada vez más de ti.

¿Cuándo has intentado mejorar?

¿Lo hiciste porque querías hacerlo o porque alguien más quería que lo hicieras?

¿Cuáles son tus estándares para ti mismo...

como padre?

como hijo?

como esposo?

_____

_____

_____

_____

_____

como hermano?

_____

_____

_____

_____

_____

como empleado?

_____

_____

_____

_____

_____

¿De dónde provienen estos estándares?

_____

_____

_____

_____

_____

¿Mejora o perfección? Un ejemplo clínico

Jack no entendía por qué no debería ser duro con su esposa y sus hijos; consideraba que era por su propio bien. «No soy más duro con ellos de lo que soy conmigo mismo», solía decir. Durante su primera sesión con el terapeuta, Jack explicó que a menudo se encolerizaba con su familia, pero siempre se disculpaba después. Sin embargo, su esposa y sus hijos no se sentían impresionados por sus disculpas; sabían que la escena se repetiría, probablemente más pronto que tarde.

El terapeuta escuchó a Jack hablar sobre las circunstancias que provocaban su ira: las facturas del supermercado que acumulaba su esposa, el comportamiento irrespetuoso de su hijo de siete años, la irresponsabilidad de su hija adolescente, y le hizo una pregunta de enfoque:

Terapeuta: ¿Qué tienen en común todas estas situaciones que te provocan ira?

Jack: Nada. Son todas diferentes.

Terapeuta: Eso es cierto. Tu esposa gasta demasiado dinero en comida, tu hijo es grosero y tu hija es irresponsable. Pero ¿hay algún denominador común?

Jack: No veo ninguno.

Terapeuta: El denominador común de tu ira hacia tu esposa y tus hijos es que cometen errores.

Jack: No tengo problema con enfadarme cuando meten la pata.

Terapeuta: Bueno, *deberías* tenerlo, porque tu ira hacia los errores está haciendo desgraciados a todos, incluso a ti mismo.

Jack: ¿Debería besar a mis hijos en la mejilla por ser irrespetuosos?

Terapeuta: ¿No hay un punto intermedio entre besar y maltratar? ¿Ves lo despreciativo que eres cuando las personas no cumplen con tu estándar de perfección?

Jack: Pueden intentarlo, ¿no?

Terapeuta: Han estado intentándolo todo el tiempo. Pero sencillamente no pueden lograrlo. Los has preparado para el fracaso. Ahora están enfadados, desanimados y deprimidos.

Jack: ¿Qué hay de malo en querer que las personas hagan lo correcto y no se equivoquen?

Terapeuta: Mucho. Aprendiste lo correcto y lo incorrecto cuando eras niño. Querías evitar los errores. Pero tu comprensión de los errores era la de un niño. Y hoy tu comprensión sigue siendo inmadura e incompleta.

Jack: ¿Cómo puedo cambiar?

Terapeuta: Es una buena pregunta. No cambiamos haciendo propósitos de Año Nuevo. Cambiamos haciendo cosas apropiadas en el mundo real.

Jack: ¿Qué puedo hacer cuando los niños hagan algo mal o cuando mi esposa cometa un error?

Terapeuta: No se trata de qué está bien o qué está mal. Se trata de aceptarlos a ellos y a todos los demás como imperfectos. Y si sus imperfecciones te hacen enfadar, puedes elegir decir: «Me molesta cuando haces esto».

El siguiente fin de semana, Jack llevó a su esposa y a sus hijos a navegar. Como siempre, nada de lo que hacía su familia estaba lo suficientemente bien, y eso fue especialmente cierto en el caso de su esposa, que fue incapaz de hacer un simple nudo en la cuerda del muelle después de que Jack hubiera atracado el bote.

—¡Lo estás haciendo mal! –le gritó. Ella desató la cuerda y lo volvió a intentar.

—¡Sigue sin estar bien hecho! –volvió a gritar Jack.

Su esposa, acostumbrada a este comportamiento, suspiró y lo volvió a intentar, y Jack estaba a punto de gritarle de nuevo, pero finalmente se contuvo.

«Espera un momento», pensó, «no está mal, sólo es imperfecto. ¿He estado tratándola así durante todo nuestro matrimonio? Dios mío, nadie merece ser tratado así».

Jack se disculpó por gritar, y esta vez lo dijo con sinceridad.

Ten claro qué te gusta... y qué no te gusta

El antídoto para dejar de asumir una responsabilidad excesiva por los demás y sentirte frustrado por las injusticias de la vida es dejar de hacer lo que te hace infeliz y empezar a hacer lo que te aporta felicidad. A menudo, esto implica dejar que los demás hagan frente a las consecuencias de sus propias decisiones. Alguien en tu vida que tenga un problema puede decidir pedirte ayuda... o no. Mientras tanto, puedes optar por dejar de intentar prevenir futuras catástrofes y empezar a aceptar la vida tal como viene.

Así como los demás pueden pedirte lo que quieren, tú también tienes derecho a pedir lo que quieres. Pedirle algo a alguien no es un signo de debilidad ni de dependencia, sino una cuestión de cooperación. De todos modos, conlleva un riesgo, ya que la otra persona puede decir que no.

> **PIDE LO QUE QUIERES**
>
> Pedir a los demás lo que deseas implica un riesgo, ya que nunca puedes prever con certeza cómo responderán. Sin embargo, los adultos pueden elegir asumir riesgos apropiados. Esto es lo que hacen los adultos.

Si pides algo y lo consigues, la próxima vez que pidas algo tendrás más confianza y una visión más optimista. Y si la respuesta es no, evita tomártelo como algo personal. Recuerda

INTENTAR CAMBIAR A LOS DEMÁS

¿Cuándo has intentado cambiar a otra persona?

_____

_____

_____

_____

_____

_____

¿Cuál fue la consecuencia?

_____

_____

_____

_____

_____

¿Qué aprendiste de la experiencia?

_____

_____

_____

_____

_____

_____

que tu autoestima no depende de conseguir lo que quieres. Tu valía como persona no se ve afectada en ningún caso.

Si la negativa o la incapacidad de alguien para concederte lo que pides hace que te enfades, puedes expresar tu enfado de manera honesta pero respetuosa: «Me enfada cuando te explico qué me haría feliz y no quieres dármelo». Y si la otra persona responde cooperando con tu petición, ese gesto merece ser reconocido. Este último punto es clave, ya que los hombres que tienen que enfrentarse a la ira suelen fijarse en aquello que les disgusta, pero pasan por alto o dan por sentadas las cosas que van bien.

Antes de pedir a los demás que cooperen contigo en tu búsqueda de felicidad, primero debes saber qué te hace feliz. ¿Te hace feliz preocuparte por lo que piensan los demás? ¡Perfecto! Puedes seguir así. Pero si te hace infeliz, también puedes decidir dejar de hacerlo.

A medida que sigas tomando decisiones sobre lo que te hace feliz y lo que no, es probable que te des cuenta de que la opción más sencilla es dejar de hacer aquello que te hace infeliz. Por ejemplo, en lugar de insistir constantemente a una empleada sobre su rendimiento inconsistente, puedes optar por decirle: «Me hace enfadar cuando no cumples con tu trabajo. Me gustaría que fueras más constante». En cuanto a tu propio trabajo, quizá te haga feliz tomarte un día libre y no hacer nada. Si es así, puedes elegir hacerlo sin sentirte culpable por ser «irresponsable» o «improductivo». Puedes decidir ver el descanso como algo valioso en sí mismo, un tiempo bien merecido para recuperarte del peso de tus muchas responsabilidades.

> Es esencial el tiempo para el autocuidado. Si no reservas tiempo para hacer las cosas que quieres hacer, acabarás sintiendo resentimiento por las cosas importantes que tienes que hacer.

¿QUÉ TE HACE FELIZ?

¿Qué es lo que realmente te hará feliz?

_____
_____
_____
_____
_____
_____
_____

¿Qué opciones tienes para hacer de tu felicidad una realidad?

_____
_____
_____
_____
_____
_____
_____

¿Qué es lo que no te hace feliz?

_____
_____
_____
_____
_____
_____
_____

Establecer estándares personales: un ejemplo clínico

Como sabemos, muchos hombres no pueden tomar decisiones porque no saben qué les gusta. A menudo han estado tan ocupados cumpliendo con los estándares de los demás que no han tenido la confianza suficiente para desarrollar sus propios estándares. A continuación, te muestro un relato de cómo basar nuestra autoestima en los estándares de los demás afecta nuestro sentido de la felicidad.

Lilly y Jason llevaban ocho años casados. Estaban atravesando algunas dificultades financieras, por lo que llegaron a un acuerdo para posponer compras innecesarias hasta que consiguieran salir de las deudas.

Un día, Lilly salió de compras y vio un reloj que le encantó. Costaba 350 dólares y lo cargó a su tarjeta de crédito.

Cuando Lilly le enseñó el reloj a Jason, explotó. «¿Cómo has podido? ¡Sabes que estamos endeudados!», le dijo.

Su explosión de ira, por supuesto, no resolvió el problema. Después de todo, no podía eliminar el cargo de la factura de la tarjeta de crédito gritando a su esposa. Así pues, ¿cuál era el motivo? En el fondo, ¿por qué estaba enfadado Jason? ¿Era por su situación financiera? ¿Por la compra de Lilly? ¿Por el reloj? ¿Por todo lo anterior?

En este caso, la respuesta era por nada de lo anterior.

Jason creía que un buen esposo debía ser el sostén de su familia sin ninguna limitación. No poder permitirse el reloj que Lilly quería hacía que se sintiera inferior. Por lo tanto, se sentía muy culpable no sólo por desahogarse con su esposa, sino también por no ser un mejor sustento.

En su mente, la incapacidad de pagar todo lo que su esposa quería lo convertía en un mal esposo, independientemente de lo mucho que trabajara o de lo que hiciera en casa. Y, dado que era un mal esposo, Lilly seguramente lo dejaría por alguien que pudiera permitirse comprarle cosas bonitas, un pensamiento que sumió a Jason en una espiral emocional descendente.

¡No era justo! Y si Jason lo pensaba bien, toda la situación era por culpa de Lilly, al igual que sus problemas financieros. ¡No era su culpa que nunca tuviera suficiente! Y tampoco sería su culpa cuando Lilly lo dejara por no estar a la altura de sus estándares. Ya podía verla mirándolo con desprecio. ¿Y por qué no? No estaba cumpliendo como esposo. ¿Cómo podía esperar que ella lo quisiera? Pero tal vez había algo que podía hacer para recuperarla. Tal vez podía trabajar aún más, hacer aún más en casa, esforzarse en todos los sentidos para cumplir con sus estándares como esposo y sustento del hogar...

En ese momento, Jason tuvo una conversación con su terapeuta.

Jason: ¿Cómo puedo conseguir que mi esposa me vuelva a querer? He hecho todo lo que se me ocurre.

Terapeuta: ¿Te ves a ti mismo como un buen esposo? Tienes que sentirte digno del amor de tu esposa antes de poder buscarlo en ella.

Jason: Bueno, ¿cómo me siento digno del amor de mi esposa? No tengo ni idea de cómo hacerlo.

Terapeuta: Tienes que saber cuáles son tus propios estándares para ser un buen esposo.

Jason: Me da miedo fracasar como esposo.

Terapeuta: ¿Qué significa ser un esposo exitoso?

Jason: No sé... ¿darle a mi esposa todo lo que ella desea?

Terapeuta: Bueno, los deseos son infinitos. En cuanto conseguimos todo lo que queremos, siempre queremos más.

Jason: Entonces... ¿qué?

Terapeuta: Tienes que tener valentía. La valentía te permite asumir el riesgo de hacer algo difícil, como establecer tus propios estándares de lo que significa ser un buen esposo, aunque tu esposa desapruebe algunos aspectos.

Jason: Pero no quiero disgustar a mi esposa. ¿Y si me deja?

Terapeuta: No sabemos cuál será el resultado. Pero si tienes el valor de establecer tus propios estándares para ser un buen esposo, lograrás un sentido de logro y madurez, y tendrás más seguridad en ti mismo y mayor dignidad personal, sin importar el desenlace.

Definir el éxito

Si quieres tener éxito, primero debes saber qué significa el éxito para ti. Un salario de seis cifras es una medida común de éxito para muchos hombres, quienes aprenden desde jóvenes que su valor en la sociedad, y como personas, suele medirse por la cantidad de dinero que pueden ganar. Pero también es posible definir el éxito de otras maneras. Por ejemplo, puedes considerar la cantidad de amor y apoyo que compartes con los demás, el alcance de tu talento y de tus logros, o la diferencia que marcas en tu comunidad, tu ciudad o tu país.

Si el mundo en el que te mueves es pequeño y seguro, será un lugar cómodo en el que estar, aunque probablemente limitarás tus opciones de crecimiento, ya que no estarás viviendo muchas experiencias nuevas. En cambio, cada vez que das un paso fuera de tu zona de confort, das un paso hacia tu potencial, que no tiene límites. Sin embargo, este esfuerzo implica enfrentarte al miedo en algún nivel. Y aquí es donde entra en juego el coraje.

Tener coraje

El coraje es la capacidad y la disposición de hacer frente a algo, aunque sea difícil o aterrador. Requiere que confíes en tu propio juicio y te arriesgues a ser menos que perfecto, con el fin de resolver problemas reales en lugar de constantemente estar tratando de evitar desastres que quizá ni siquiera ocurran.

Al principio puede ser difícil tomar decisiones por ti mismo. Pero ese esfuerzo es precisamente lo que te llevará al éxito. De hecho, a veces esfuerzo es exactamente lo que necesitas en tu vida. Te enseña la capacidad de tomar la vida tal como viene y hacer lo mejor que puedas con ella. Ése es el verdadero poder y control: ni demasiado, ni demasiado poco, sino lo justo.

EL ÉXITO ES...

¿Cuándo has sentido el éxito?

_____
_____
_____
_____
_____
_____
_____
_____
_____
_____

ELEGIR SER VALIENTE

¿Cuándo has experimentado coraje?

_____
_____
_____
_____
_____
_____
_____
_____
_____

Conclusión

Para terminar, compartiré dos historias.

Dos patos nadaban tranquilamente por un estanque cuando, de repente, uno se aventuró demasiado en el territorio del otro. Inmediatamente se desencadenó una furiosa pelea. Pero transcurridos unos segundos, ambos patos se alejaron en direcciones opuestas, tan de repente como habían comenzado a pelear. Mientras se separaban, aleteaban con fuerza y luego volvieron a nadar como si la pelea nunca hubiera sucedido.

¿Cómo fue que esos dos patos volvieron a un estado tan pacífico inmediatamente después de su pelea? ¿Por qué no lo pasaron mal después, como la mayoría de los humanos? ¿Por qué no tenían heridas que sanar?

La respuesta es simple: cuando batieron sus alas, liberaron la tensión acumulada durante la pelea. Sintieron la energía y las emociones del momento, las dejaron fluir y se olvidaron plenamente el conflicto. De este modo, la pelea no dejó rastro en ellos.

¿Por qué nosotros, los humanos, a pesar de nuestra supuesta sofisticación, no adoptamos esta simple sabiduría de la naturaleza? Nos pasamos la vida sufriendo y acumulamos frustraciones y emociones. A diferencia de los dos patos, sin embargo, muchos de nosotros no nos olvidamos de nuestros conflictos, sino que acaban convirtiéndose en heridas físicas que no tienen la oportunidad de sanar. Pero las emociones genuinas son saludables cuando las sentimos plenamente y las expresamos de manera adecuada.

En cierto modo, todos somos hijos de la ira. De niños, todos vimos a nuestros cuidadores enfadarse. La manera en que gestionaban su ira cuando éramos pequeños tuvo un gran impacto en cómo expresamos nuestras propias emociones hoy en día. En mayor o menor medida, la ira de nuestros padres nos enseñó cosas sobre nosotros mismos y sobre la vida, y muchas de esas lecciones no fueron positivas. Aun así, esas lecciones nos moldearon, afectando nuestro buen juicio y perjudicando nuestra capacidad para ver el mundo con objetividad. De hecho, esta experiencia infantil es tan común que, según un artículo publicado en 2001 en *Perspectives in Psychiatric Care* sobre la gestión saludable de la ira, las personas suelen tener menos estrategias eficaces para controlar la ira que para gestionar otras emociones intensas, como el miedo o la tristeza. Y no es de extrañar, considerando que muy pocas personas tuvieron la oportunidad, en su infancia, de ver a adultos gestionando su ira de manera inteligente.

Gestionar la ira de forma inteligente implica transformar la excitación fisiológica excesiva, alterar pensamientos agresivos y modificar comportamientos no saludables que obstaculizan la resolución de problemas. En mi opinión, esto no significa eliminar la ira por completo. Pero, incluso si fuera posible erradicar la ira por completo, tampoco sería deseable: la ira cumple funciones de autoprotección importantes, como ayudarnos a mantener límites y darnos el coraje necesario para corregir injusticias.

¿Alguna vez has oído que la experiencia es el mejor maestro? Mi objetivo con este libro ha sido ayudarte a aprovechar al máximo el aprendizaje que puedes obtener de la experiencia de la ira, para que estés mejor preparado para afrontar futuros desafíos. Si la experiencia es el mejor maestro, entonces, cuanto más experimentes la ira, más podrás aprender de ella. Por lo tanto, incluso un intenso arrebato de ira puede ofrecerte oportunidades para crecer y desarrollarte. Y eso me lleva a la segunda historia.

Había una vez un hombre que decidió acabar con todos los monstruos del mundo. No tardó en encontrarse con el monstruo del sufrimiento.

—Nadie quiere sufrir —gritó el hombre, levantando su espada—. No sirves para nada. ¡Prepárate para morir!

Pero el monstruo del sufrimiento habló al hombre con dulzura.

—Sé que piensas que provoco dolor y tristeza innecesarios —dijo el monstruo—. Crees que el mundo estaría mejor sin mí. Pero un día, cuando eras niño, acercaste demasiado la mano a una llama. ¿Lo recuerdas?

El hombre se quedó inmóvil por unos instantes, confundido. Pero entonces, una expresión de comprensión apareció en su rostro.

—¡Sí! —exclamó el hombre.

Envainó su espada, hizo una reverencia al monstruo y regresó a su hogar.

Aldous Huxley dijo una vez que «la experiencia no es lo que le sucede a un hombre, sino lo que ese hombre hace con lo que le sucede». Tus experiencias del pasado influyen en lo que haces en el presente y, del mismo modo, nunca sabes cuándo un acontecimiento inesperado y frustrante puede dar lugar a una nueva experiencia igualmente inesperada, pero hermosa. Todo depende de lo que hagas con ello.

Apéndice

Date cuenta a tiempo

E l sufrimiento es inevitable, pero incluso en las situaciones más difíciles puedes crecer espiritualmente y tomar tus dificultades como una prueba de tu fortaleza interior. Puedes centrarte en tus metas futuras y elevarte por encima de los sufrimientos presentes como si ya formaran parte del pasado. Puedes aceptar tus desafíos, sentirte orgulloso de tus luchas y afrontar el sufrimiento con valentía.

Obsesionarte con desgracias pasadas o futuras, o utilizar la adversidad para fortalecerte es una decisión que sólo es tuya. Úsala sabiamente. Y mientras practicas la gestión de la ira, consulta la tabla siguiente como referencia rápida. Consúltala siempre que necesites un recordatorio sobre cómo actuar en una situación que te provoque ira.

CUANDO TE DAS CUENTA DE QUE...	RECUÉRDATE QUE...
piensas «Esto es lo que debería hacer»	la palabra «debería» a menudo indica una preferencia, pero puede que no sea tu propia preferencia.
exiges la sumisión de los demás en mor de la eficiencia	es más productivo asegurar la cooperación de los demás.
tratas de agradar a los demás	no sabes cómo quieren ser agradados.
tratas de no desagradar a los demás	puedes establecer y cumplir tus propios estándares.
asumes más responsabilidad de la que la situación requiere	puedes dejar que los demás sean responsables de sí mismos.
proteges a los demás de las consecuencias de su comportamiento	ellos no han reclamado tu ayuda.
tratas de evitar un desastre	no puedes predecir el futuro ni evitar que las cosas pasen, por lo que es mejor aceptar la vida tal como viene.
mantienes estándares perfeccionistas para ti mismo y para los demás	en realidad no sabes qué es lo mejor.
tratas de probar tu valía ante los demás	la valía personal viene de dentro.
exageras las acusaciones de los demás	puedes centrarte en la realidad de la situación.
reaccionas de manera intensa a las palabras hirientes de otra persona	puedes validar los sentimientos de la otra persona mientras eliges ver sus palabras hirientes como algo meramente absurdo.
te pones furioso cuando algo nimio sale mal	es un inconveniente o una decepción, no el fin del mundo.
te defiendes y proclamas tu inocencia cuando alguien está enfadado contigo	tú no eres el problema.

Recursos

Las siguientes organizaciones y otros recursos ofrecen ayuda y apoyo para un abanico de problemas relacionados con la gestión de la ira o con circunstancias que pueden surgir en una ira problemática.

Apoyo profesional
Información y tratamiento terapéutico individual
En Estados Unidos

American Psychiatric Association (APA), finder.psychiatry.org

Anxiety and Depression Association of America (ADAA), adaa.org

Children and Adults with Attention-Deficit/Hyperactivity Disorder (CHADD), chadd.org

Depression and Bipolar Support Alliance (DBSA), dbsalliance.org

GoodTherapy, goodtherapy.org

GriefShare, griefshare.org

Mental Health America (MHA), mentalhealthamerica.net

National Alliance on Mental Illness (NAMI), nami.org

National Eating Disorders Association (NEDA), nationaleatingdisorders.org

PsychCentral, psychcentral.com

Substance Abuse and Mental Health Services Association, samhsa.gov

TherapyTribe, therapytribe.com

En España

Confederación Salud Mental España (principal organización que agrupa a asociaciones de salud mental a nivel nacional), consultasaludmental.org

Sociedad Española de Psiquiatría (SEP), sepsiq.org

Federación Española de Asociaciones de Ayuda al Déficit de Atención e Hiperactividad (FEAADAH), feaadah.org

Asociación Española de Psicología Clínica y Psicopatología (AEPCP), aepcp.net

Asociación Española para el Estudio de los Trastornos de la Conducta Alimentaria (AEETCA), aeetca.com

Asociación Española de Trastorno Bipolar: asociacionbipolar.com

Federación Española de Asociaciones de Ayuda y Lucha contra la Anorexia y Bulimia (FEACAB), feacab.org

Proyecto ESMental (plataforma para encontrar psicólogos), esmental.es

Asociación Española de Ansiedad y Estrés (SEAS): ansiedadyestres.org

Fundación ANAR (ayuda a niños y adolescentes en riesgo), anar.org

Plan Nacional sobre Drogas, pnsd.sanidad.gob.es

Prevención de la autolesión y el suicidio

En Estados Unidos

American Foundation for Suicide Prevention (AFSP), AFSP.org

Self-injury.net

Suicide Prevention Lifeline, 800-273-8255 (800-273-TALK), suicidepreventionlifeline.org

En España

Teléfono de la Esperanza (organización que ofrece ayuda en crisis emocionales), 717-003-717, telefonodelaesperanza.org

Asociación Internacional Teléfono de la Esperanza (ASITES) (red nacional de centros de apoyo psicológico y programas de intervención), asites.org

Fundación Ayuda a Niños y Adolescentes en Riesgo (ANAR), 900 202 010, anar.org

Fundación Española para la Prevención del Suicidio, fsme.es

Papageno (red de profesionales por la prevención del suicidio), papageno.es

Asociación Internacional de Profesionales en Prevención y Posvención del Suicidio (AIPIS), aipis.org

Recuperación tras la violencia y la violencia sexual

En Estados Unidos

MenWeb, batteredmen.com

National Child Abuse Hotline, 800-422-4453 (800-4-A-CHILD), childhelp.org/hotline

National Domestic Violence Hotline, 800-799-7233 (800-799-SAFE), ndvh.org

Rape, Abuse and Incest National Network, rainn.org

Trauma Survivors Network, traumasurvivorsnetwork.org

En España

Fundación Ayuda a Niños y Adolescentes en Riesgo (ANAR), 900 202 010, anar.org

Fundación Márgenes y Vínculos, margenesyvinculos.org

Asociación Aspacia, aspacia.org

Fundación Vicki Bernadet, fbernader.org

Asociación Red de Ayuda a Niños Abusados (RANA), asociacionrana.org

Asociación de Mujeres para la Salud (AMS) (apoyo terapéutico a mujeres víctimas de violencia de género y abusos), asociacionmujeresparalasalud.org

Teléfono de atención a víctimas de violencia de género, 016 (gratuito y confidencial; no deja rastro en la factura), WhatsApp (600 000 016) y correo electrónico (016-online@igualdad.gob.es)

Apoyo para problemas familiares

En Estados Unidos

DivorceCare, divorcecare.com

National Parent Helpline, 855-427-2736 (855-4APARENT), nationalparenthelpline.org

National Stepfamily Resource Center, stepfamilies.info

Parents Without Partners (PWP), parentswithoutpartners.org

En España

Asociación Española de Pedagogía y Familia (ASEFAM) (información, orientación y mediación para familias en proceso de separación o con dificultades en la crianza), asefam.org

Unión de Asociaciones Familiares (UNAF) (programas de mediación familiar, apoyo a familias reconstituidas, orientación a madres y padres, y sensibilización en diversidad familiar), unaf.org

Fundación Filia de Amparo al Menor (apoyo psicológico y legal a familias en conflicto, especialmente en situaciones de divorcio de alta conflictividad), fundacionfilia.org

Asociación de Padres Separados (APFS) (defensa de los derechos de los padres separados y promoción de la custodia compartida), apfs.es

Apoyo general y comunitario

En Estados Unidos

MenStuff: The National Men's Resource, menstuff.org

Parents, Families, Friends, and Allies United with LGBTQ People (PFLAG), community.pflag.org

United Way, unitedway.org

En España

Asociación de Hombres por la Igualdad de Género (AHIGE) (red de hombres comprometidos con la igualdad, el cuestionamiento de los mandatos tradicionales de masculinidad y el desarrollo personal), ahige.org

Federación Estatal LGTBI+ (FELGTBI+), felgtbi.org

Fundación Once, fundaciononce.es

Fundación La Caixa, fundacionlacaixa.org

Cruz Roja Española (amplio abanico de recursos de intervención social, desde la atención a mayores, inmigrantes y jóvenes hasta programas de acompañamiento emocional y voluntariado), cruzroja.es

Asistencia legal

En Estados Unidos

American Bar Association, americanbar.org

En España

Consejo General de la Abogacía Española (portal oficial que proporciona información sobre el acceso a la justicia gratuita, búsqueda de abogados colegiados y derechos de los ciudadanos), abogacía.es

Servicio de Orientación Jurídica (SOJ) (disponible en la mayoría de los colegios de abogados provinciales, ofrece asesoramiento gratuito previo a un procedimiento judicial y gestiona la solicitud de justicia gratuita)

Justicia Gratuita, justiciagratuita.es

Autoayuda
Grupos de doce pasos
En Estados Unidos

Alcoholics Anonymous, aa.org

Cocaine Anonymous, ca.org

Gamblers Anonymous, gamblersanonymous.org

Narcotics Anonymous, na.org

Sexaholics Anonymous, sa.org

Sex and Love Addicts Anonymous, slaafws.org

En España

Alcohólicos Anónimos (AA España), alcoholicos-anonimos.org

Cocainómanos Anónimos (CA España), caesp.org

Jugadores Anónimos, jugadoresanonimos.org

Narcóticos Anónimos (NA España), na-es.org

Sexólicos Anónimos (SA España), sexolicosanonimos.es

Adictos al Sexo y al Amor Anónimos (SLAA España), slaa-es.org

Material de lectura

Brinkman, R., *et al.*: *Dealing with People You Can't Stand: How to Bring Out the Best in People at Their Worst*. McGraw-Hill, Nueva York, 2002. (Trad. cast.: *Cómo tratar con gente a la que no puede soportar: Consejos para conseguir sacar lo mejor de las personas más difíciles*. Ediciones Deusto, Barcelona, 2003).

Carter, L., *et al.*: *The Anger Trap: Free Yourself from the Frustration That Sabotage Your Life*. Jossey-Bass, San Francisco, 2004.

Ellis, A.: *How to Control Your Anger Before It Controls You*. Citadel Press, Nueva York: 1997. (Trad. cast.: *Cómo controlar la ansiedad antes de que ella le controle a usted*. Ediciones Paidós Ibérica, Barcelona, 2001).

Guide to Self-Help Books: *Guidetoselfhelpbooks.com*

Huxley, L. A.: *You Are Not the Target*. Farrar, Straus and Giroux, Nueva York, 1963.

McKay, M.: *When Anger Hurts: Quieting the Storm Within*. New Harbinger Publications, Oakland, 2003. (Trad. cast.: *Venza su ira*. Ediciones Robinbook, Teià, Barcelona, 1993).

Psychology Today, Psychologytoday.com

Bibliografía

Aamodt, S., *et al.*: *Welcome to Your Child's Brain: How the Mind Grows from Conception to College*. Bloomsbury, Nueva York, 2014.

Beck, R., *et al.*: «Cognitive-Behavioral Therapy in the Treatment of Anger: A Meta-Analysis», *Cognitive Therapy and Research*, vol. 2, n.º 1, pp. 63-74 (1998). doi:10.1023/A:1018763902991.

Blum, D.: *Sex on the Brain*. Viking Press, Nueva York, 1997.

Brizendine, L.: *The Female Brain*. Morgan Road Books, Nueva York, 2006. (Trad. cast.: *El cerebro femenino*. RBA Libros, Barcelona, 2010).

—: *The Male Brain*. Morgan Road Books, Nueva York, 2010. (Trad. cast.: *El cerebro masculino*. RBA Libros, Barcelona, 2010).

Carter, R.: *Mapping the Mind*. University of California Press, Berkeley, California, 1998. (Trad. cast.: *El nuevo mapa del cerebro: Guía ilustrada de los descubrimientos más recientes para comprender el funcionamiento de la mente*. RBA Libros, Barcelona, 2001).

Costandi, M.: «Male Brain Versus Female Brain: How Do They Differ?», The Guardian (6 de octubre de 2013); disponible en: theguardian.com/science/neurophilosophy/2013/oct/06/male-brain-versus-female-brain (consultado el 10 de diciembre de 2015).

Damasio, A.: *Descartes' Error: Emotion, Reason, and the Human Brain*. Grosset/Putnam, Nueva York, 1994. (Trad. cast.: *El error de Descartes: la emoción, la razón y el cerebro humano*. Editorial Crítica, Barcelona, 2004).

DiGiuseppe, R., *et al.*: *Understanding Anger and Anger Disorders*. Oxford University Press, Nueva York, 2007.

Gottman, J. M.: *Why Marriages Succeed and Fail*. Nueva York: Simon & Schuster, 1995.

Hamann, S.: «Sex Differences in Response to the Human Amygdala», *Neuroscientist*, vol. 11, n.º 4, pp. 288-293 (2005). doi:10.1177/1073858404271981.

Huxley, A.: *Texts and Pretexts: An Anthology with Commentaries*. Chatto & Windus, Londres, 1932.

Kassinove, H., *et al.*: *Anger Management: The Complete Treatment Guidebook for Practitioners*. Impact, Atascadero, California, 2002.

Kessler, R. C., *et al.*: «The Prevalence and Correlates of DSM-IV Intermittent Explosive Disorder in the National Comorbidity Survey Replication», *Archives of General Psychiatry*, vol. 63, n.º 6, pp. 669-678 (2006). doi:10.1001/archpsyc.63.6.669.

LaVelle, H., *et al.*: «The Effects of Anger on the Brain and Body», *National Forum Journal of Counseling and Addiction*, vol. 2, n.º 1, pp. 1-12 (2013).

LeDoux, J. E.: *The Emotional Brain: The Mysterious Underpinnings of Emotional Life*. Simon & Schuster, Nueva York, 1996. (Trad. cast.: *El cerebro emocional*. Editorial Planeta, Barcelona, 2000).

Martin, R. C., *et al.*: «Irrational Beliefs and the Experience and Expression of Anger», *Journal of Rational-Emotive and Cognitive-Behavior Therapy*, vol. 22, n.º 1, pp. 3-20 (2004). doi:10.1023/B:JORE.0000011574.44362.8f.

Moir, Anne, *et al.*: *Brain Sex: The Real Difference between Men and Women*. Carol Publishing Group, Nueva York, 1991. (Trad. cast.: *El sexo en el cerebro: La verdadera diferencia entre hombres y mujeres*. Editorial Planeta, Barcelona, 1991).

NIEHOFF, D.: «NotHardwired:TheComplexNeurobiologyofSexDifferen-
ces in Violence», *Violence and Gender*, vol. 1, n.º 1, pp. 19-24
(2014). doi:10.1089/vio.2013.0001.

PASSAMONTI, L., *et al.*: «Effects of Acute Tryptophan Depletion
on Prefrontal-Amygdala Connectivity While Viewing Facial
Signals of Aggression», *Biological Psychiatry*, vol. 71, n.º 1,
pp. 36-43 (2012). doi:10.1016/j.biopsych.2011.07.033.

SMITH, T., *et al.*: «Hostility, Anger, Aggressiveness, and Coronary
Heart Disease: An Interpersonal Perspective on Personality,
Emotion, and Health», *Journal of Personality*, vol. 72, n.º 6,
pp. 1217-1270 (2004). doi:10.1111/j.1467-6494.2004.00296.x.

SNELL JR., W. E., *et al.*: «The Clinical Anger Scale: Preliminary Reliability and Validity», *Journal of Clinical Psychology*, vol. 51, n.º 2,
pp. 215-226 (1995). doi:10.1002/1097-4679(199503)51:2<215::aid-
jclp2270510211>3.0.co;2-z.

THOMAS, S. P.: «Teaching Healthy Anger Management», *Perspectives in Psychiatric Care*, vol. 37, n.º 2, pp. 41-48 (2001).
doi:10.1111/j.1744-6163.2001.tb00617.x.

WILLIAMS, R. «Young Brains Lack Skills for Sharing», *Scientific
American Mind*, vol. 23, n.º 3 (2012); disponible en: www.
scientificamerican.com/article.cfm?id=young-brains-
lack-skills-sharing

Agradecimientos

Quiero dar las gracias a todos mis profesores y colegas que, a lo largo de mi trayectoria educativa y profesional, han confiado en mis capacidades. Quisiera dedicar unas palabras al Dr. Nathan Hydes, quien, además de buen amigo, ha dedicado su tiempo para ayudarme con este libro. También quiero expresar mi gratitud a mis amigos Brad, Nick y Jacob, quienes me han acompañado con su humor y sus mejores deseos en los momentos más difíciles de mi vida. Agradezco profundamente a mis hijos, August y Lucinda, que siempre me animan y me inspiran a abandonar mi zona de confort. Estoy inmensamente agradecido a mi madre, Louise; a mi hermana, Jen; a mi madrastra, Ginny; a mi padrastro, Sal; a mi suegra, Gay; a mi suegro, Denny, y a mi cuñado, Chad. Todos ellos me han brindado su aliento y su apoyo. Y, por encima de todo, doy las gracias a mi esposa Tara, adorada, atenta y bondadosa, cuyo amor, esfuerzo y energía son más valiosos de lo que las palabras pueden expresar. Gracias.

Acerca del autor
y el autor del prólogo

Aaron Karmin es consejero clínico profesional acreditado e hipnoterapeuta clínico certificado, con consulta privada en Urban Balance, Chicago. Tiene el título de máster en Psicología Clínica Profesional por la Universidad Roosevelt.

Como terapeuta, lleva más de doce años ayudando a sus pacientes a gestionar la ira mediante un enfoque centrado en aumentar la tolerancia a la frustración y desarrollar el control de la conducta impulsiva. Como hipnoterapeuta, tiene una certificación avanzada en gestión del estrés, que implica la enseñanza de seis técnicas mente-cuerpo para mejorar la relajación. Además de ejercer en la clínica privada, Aaron cuenta con experiencia tanto en servicios ambulatorios como hospitalarios, trabajo comunitario y asesoramiento en organizaciones sin ánimo de lucro y empresas de la lista Fortune 500.

Como conferenciante habitual y profesor de terapia grupal, también aborda otros temas más allá de la gestión de la ira y las técnicas de relajación, como las habilidades de comunicación y las estrategias para la definición de objetivos. En todo su trabajo reconoce la importancia de la flexibilidad y la creatividad para abordar mente y cuerpo, y emplea orientaciones basadas en soluciones para promover un estilo de vida saludable.

Nathan R. Hydes obtuvo su licenciatura en Psicología por la Northwest Nazarene University y su doctorado en Psicología Clínica por el Instituto de Tecnología de Illinois. Realizó prácticas clínicas en el Centro Nacional para el Trastorno por Estrés Postraumático (PTSD) en Boston y completó su formación postdoctoral en el hospital de Asuntos de Veteranos en North Little Rock, Arkansas. Durante los últimos cinco años, ha estado en servicio activo como psicólogo en la Armada de los Estados Unidos.

Índice analítico

A

AA (Alcohólicos Anónimos),
182

Aamodt, Sandra, 21, 185

abdominal, respiración, 72

acción, pasar a la, 131

acontecimientos, gestionar
interpretaciones de, 39

actitud defensiva, 133, 134,
141, 144, 145
controlar las elecciones,
141
superarla, 134

acuerdo, forzar un, 136, 138

ADAA (Anxiety and
Depression Association
of America), 177

adrenalina, subidón de, 56, 71

agresión, 13, 21, 25, 26, 27, 28,
30, 78, 132

alcohol, limitar el consumo
de, 68

alimentarios, trastornos,
recursos, 177

amenazas, percibir, 55, 56, 58

American Psychiatric
Association, 177

amígdala, 25, 26, 56, 58, 62,
68

antagonismo, 47, 55, 102, 123,
126, 139, 140, 142, 145
asertivo, aprender a ser,
28
atención, llamar la, 126
evitar el, 139
pedir lo que quieres, 99,
161

apoyo profesional, recursos
para el, 177

aprendizaje, proceso de, 100

armonía social, 26

arrepentimiento, expresar,
103, 123, 124

autoayuda, recursos de, 182

autocuidado, tomarse
tiempo para el, 163

autoestima, fuente de, 165

autolesiones, recursos de
prevención de, 178

autorregulación, 40

B

Banner, Bruce, 55

biológicos, factores, 25, 26, 29

bipolares, recursos, 177, 178

blanco o negro, pensamiento de, 94

Brizendine, Louann, 21, 26, 185

bueno, ser suficientemente, 98, 99, 123, 156

buscar la perfección, 92

C

CA (Cocainómanos Anónimos), 182

cafeína, limitar el consumo de, 68

cambiar a los demás, intentar, 162

centrarse menos en uno mismo, 147

cerebro

áreas del, 58

respuesta a las amenazas, 25, 56, 57, 58

respuesta al peligro percibido, 62

tamaños del, 21

cerebro femenino, evolución del, 25

cerebro masculino, evolución del, 25

CHADD (Children and Adults with Attention-Deficit/ Hyperactivity Disorder), 177

«chico duro», rasgos de, 24

clínicos, ejemplos, 15. *Véase también* ejercicios

Cómo los pensamientos dan forma a las respuestas, 96

Establecer estándares personales, 165

¿Mejora o perfección?, 159

No discutas tu caso, 134

Ponerse a la defensiva, 127

Tomártelo como algo personal, 119

cognitivos de la ira, signos, 63, 67

comer bien, 69

competencia, 11, 25, 26

complacer a los demás, intentar, 155

comportamiento

examinar el, 21

frente a las emociones, 20

comunicación, 35, 37, 56, 116, 129, 130, 131, 132, 191

entender la importancia de la, 131

errores en la, 130

conductuales de ira, signos, 61

conexión social, actitudes para la, 26

confirmación, sesgo de, 89

consejos inútiles, tipos de, 81

control, 25, 28, 34, 40, 44, 55, 60, 63, 70, 77, 98, 99, 101, 102, 103, 105, 107, 116, 134, 141, 143, 149, 154, 168, 191. *Véase también* impotencia, respuesta ante la

estar fuera de, 99, 143

coraje, tener, 168

correcto y lo incorrecto, considerar lo, 26, 124, 160

cosas malas, evitar que ocurran, 88, 149, 150

creencias, cuestionar las, 156

culpa. *Véase* injusticia, percepción de

D

dar órdenes, 136

DBSA (Depression and Bipolar Support Alliance), 177

declaraciones, hacer, 144

definir ira, 16

«Deja de pensar en ello. No hay nada que puedas hacer», 86

desapego, aprender, 141

desastres, prevenir, 87

diario, escribir un, 105

distanciarte de otros, 117, 120, 142

distorsionado, pensamiento, 91

doce pasos, grupos de, 182

dominancia, 25, 26, 129

dormir profundamente, 68

E

ECI (Escala Clínica de la Ira), 47, 53. *Véanse también* ira; ejercicios

ejercicios, 16, 22, 29, 32, 36, 41, 47, 53, 59, 64, 72, 81, 91, 105, 118, 133, 140, 143, 150, 162, 164, 169. *Véase también* clínicos, ejemplos

Actitud defensiva y buenas intenciones, 133

Afrontando tu herencia evolutiva y trabajando con ella, 59

Conectar con la ira, 64

¿Cuán enfadado estás?, 53

Cuestiona tus pensamientos de enfado, 91

Definir y reconocer la ira, 16

Desmitificar mitos, 32

Elecciones y control, 143

Elegir ser valiente, 169

El éxito es..., 169

Gestiona tu ira, 41

Hacer un inventario de la ira, 22

¿Harto del «tengo que»?, 150

Intentar cambiar a los demás, 162

Llevar un diario, 105

Motivos para la ira, 36

No siempre se trata de ti, 118

No te dejes engañar por consejos inútiles, 81

¿Qué te hace feliz?, 32, 164

Respira buscando la relajación, 72

Ser el adulto en la habitación, 140

Tu biología, 29

elecciones, tomar el control de las, 141

emocionales de la ira, signos, 64

emociones, 5, 14, 20, 21, 24, 35, 43, 45, 46, 79, 101, 105, 135, 171, 172. *Véase también* sentimientos

importancia de las, 45

problemas con las, 45

«Enfadarse no sirve de nada», 82

enfermedad, la ira como causa de la, 69

escritura, poder de la, 103

espacio personal, conciencia del, 132

estándares personales, 92, 101, 121, 127, 144, 147, 149, 152, 155, 156, 157, 158, 165, 166, 167, 176

estrógeno, 25

éxito, definir, 167

F

felicidad, 24, 27, 31, 37, 98, 139, 147, 153, 154, 155, 161, 163, 164, 165

elegir, 154

promover, 37

físicas, sensaciones, 14

físicos de ira, signos, 60

fisiológica, excitación, 69, 90, 172

frustración, aumentar la tolerancia a la, 191

fumar, evitar, 68

G

Gabriel, ejemplo clínico, 96

Gestiona tu ira, ejercicio, 41

Goodtherapy.org, 177

gratificación, retrasar la, 39, 40, 42

Griefshare.org, 177

H

hablar en exceso, 130

hacer lo inesperado, 142

hanger, mantener a raya el, 70

hormonas, 25, 26, 56

hormonas sexuales, receptores de, 26

Hulk, el Increíble, 55

I

ignorar lo positivo, 92

impotencia, respuesta ante la, 79. *Véase también* control

impulso, control del, 40

injusticia, percepción de, 153

inocencia, manifestar la, 135

instantánea, gratificación, 39

inventario de la ira, hacer un, 22

ira, 7, 8, 10, 11, 13, 14, 15, 16, 19, 20, 21, 22, 23, 26, 27, 28, 29, 30, 31, 32, 33, 34, 36, 38, 39, 40, 41, 42, 43, 44, 45, 46, 47, 50, 51, 52, 53, 55, 56, 58, 59, 60, 61, 62, 63, 64, 65, 66, 67, 68, 69, 70, 77, 78, 79, 81, 82, 83, 86, 87, 88, 89, 90, 91, 92, 94, 95, 96, 98, 101, 102, 104, 105, 106, 107, 116, 118, 123, 124, 132, 133, 134, 135, 136, 137, 138, 139, 140, 141, 142, 143, 144, 147, 148, 149, 152, 155, 156, 159, 163, 165, 172, 173, 175, 177, 183, 191. *Véase también* ECI (Escala Clínica de la Ira)

ahogar los sentimientos, 44

como causa de enfermedad, 69

como estado emocional, 31

como medio de protección, 59

como mensaje del cuerpo, 55

como respuesta fisiológica, 77

como sentimiento secundario, 43

definir la, 16

dejar a un lado, 44

desencadenar, 77

dirigirla hacia uno mismo, 47

evaluar la, 105

expresar la, 15, 28, 79, 86, 141

expresión directa de la, 66

expresión indirecta de la, 66

herencia de la, 59

justificar la, 30

lado positivo, 36

mantener el control, 44

mitos, 27

reconocer, 16

retrasar, 44

sentimientos relacionados, 45

signos cognitivos, 63

signos conductuales, 61

signos emocionales, 60

signos físicos, 60

transferir, 44

ventajas y desventajas, 29

y amor, 28

J

jerarquía social, 26

Jugadores Anónimos, 182

justicia, 34, 102, 152, 153, 155, 181. *Véase también* injusticia, percepción de

L

legal, asistencia, 181

lógica, apelar a la, 136

lucha o huida, respuesta de, 56, 57, 58, 59

M

MHA (Mental Health America), 177

miedo, asociación con el, 30

mitos sobre la ira, 27

N

NA (Narcóticos Anónimos), 182

«Nadie puede hacerte enfadar sin tu permiso», 83

NAMI (National Alliance on Mental Illness), 177

NEDA (National Eating Disorders Association), 177

negativo, diálogo interno, 63, 155

«No es nada por lo que te tengas que preocupar», 85

«No pasa nada», 85

«No quieres cambiar; en realidad te gusta sufrir», 82

noradrenalina, 56

P

paquidermo, ser como un, 125

peligro, 30, 55, 56, 57, 59, 62, 71

    urgencia del, 55, 57

pensamientos

    impacto sobre las respuestas, 96

    relación con la ira, 105

perdón, fomentar el, 102

perfección, buscar la, 92

perspectiva positiva, mantener una, 34, 39, 41

picar inteligentemente, 70

predecir el futuro, 88, 136, 137, 149, 176

prefrontal, córtex, 21, 56, 58, 62, 68

preocuparse por uno mismo, 139

problemas relacionados con la familia, conseguir ayuda, 180

profecías autocumplidas, 93

profunda, respiración, 71

protección, ira como medio de, 172

psiquiátricos, recursos, 178

Psychcentral.com, 177

«Puedes resolver cualquier problema si simplemente te lo propones», 84

Q

«¿Qué pensará la gente?», 84

R

reconocer la ira, 16

recuerdos, descubrir, 104, 106

relaciones, sabotear, 117

relajación, aprender, 52, 68

resiliencia, 42

respetarse a uno mismo, 83, 102, 103

respirar profundamente, 71

responsabilidad, asumir por otros, 135
ridículo, recurrir al, 138

S

sabotear las relaciones, 117
salud mental, recursos, 178
SAMHSA (Substance Abuse and Mental Health Services Association), 177
sarcasmo, recurrir al, 136, 138
«Sé amable, o de lo contrario nadie te querrá», 83
sentimientos, 10, 13, 20, 24, 28, 31, 34, 35, 37, 38, 43, 44, 45, 46, 48, 49, 50, 51, 52, 61, 79, 80, 98, 99, 101, 105, 106, 107, 116, 131, 134, 135, 136, 138, 142, 155, 176. *Véase también* emociones
ahogar, 44
escribir sobre los, 103, 105
frente a hechos, 135
negar la legitimidad de los, 136
transmitir con la voz, 28, 65, 131
ser suficientemente buenos, 156
Sexaholics Anonymous, 182

siestas, evitar, 68
SLAFF (Sex and Love Addicts Anonymous), 182
«Sólo puedes culparte a ti mismo», 81
subjetiva, interpretación, 90
suicidio, recursos para la prevención del, 178

T

TEI (trastorno explosivo intermitente), 10
tener razón o estar equivocado, considerar, 128, 131
«tengo que» como carga, afrontar el, 148, 149, 150
terapéutico, tratamiento, 177
testosterona, 25, 26, 56
Therapytribe.com, 177
todo o nada, pensamiento de, 94
tomarse las cosas personalmente, 91, 116
torácica, respiración, 72

V

venganza
buscar, 34, 38
tener fantasías de, 67
ver tu propio papel en los problemas, 131

violencia
  e ira, 10
  recuperación tras la, 179
violencia sexual,
  recuperación de la, 179

voz, sentimiento transmitido
  a través de la, 61, 62, 65

W
Wang, Sam, 21

Índice

Prólogo 7
Prefacio 9
Introducción 13

PRIMERA PARTE. Sobre la ira
1. ¿Qué es la ira? 19
2. La psicología de la ira 55

SEGUNDA PARTE. Gestión de la ira
3. La mente por encima de la ira 77
4. No te lo tomes como algo personal 115
5. Asume la responsabilidad de tu ira 147

Conclusión 171
Apéndice: Date cuenta a tiempo 175
Recursos 177
Bibliografía 185
Agradecimientos 189
Acerca del autor y el autor del prólogo 191
Índice analítico 193